高等职业教育(专科)“十三五”规划教材

U0821017

会计基础实训

杨应杰　王　鹏　徐士珺　主编

中国农业大学出版社
·北京·

内 容 简 介

本教材是与《会计基础》教材相配套的同步会计技能实训教程，按照《会计基础》教材各项目内容顺序编写，具有内容新和实用性、仿真性强的特点。

本教材共分3部分：第一部分是会计单项技能实训，按各项目涉及的会计技能分项目编写，设有单选、多选、判断、技能操作实训等题型，其目的是通过训练，提高学生对会计基础知识与基本技能的理解、掌握与应用；第二部分是会计基本技能综合模拟实训，目的是通过仿真模拟实训，使学生通过独立实训操作，熟悉会计工作业务处理流程，掌握会计核算的基本操作技能，培养学生良好的会计职业能力，实现学生所学知识与企业实际“零距离”的对接，为将来从事会计工作奠定良好的基础；第三部分是会计水平测试，学生自我检测学习情况。

本教材可作为高等职业院校会计专业和其他相关专业会计学基础课程的同步技能训练用书，也可作为财务工作人员的培训教材以及会计从业人员的自学参考书。

图书在版编目(CIP)数据

会计基础实训 / 杨应杰，王鹏，徐士珺主编. —北京：中国农业大学出版社，2018.7

ISBN 978-7-5655-2039-6

Ⅰ.①会 Ⅱ.①杨…②王…③徐… Ⅲ.①会计学-教材 Ⅳ.①F230

中国版本图书馆CIP数据核字(2018)第113428号

书　　名 会计基础实训

作　　者 杨应杰　王　鹏　徐士珺　主编

策划编辑 康昊婷　　**责任编辑** 冯雪梅

封面设计 郑　川

出版发行 中国农业大学出版社

社　　址 北京市海淀区圆明园西路2号　　**邮政编码** 100193

电　　话 发行部 010-62818525，8625　　读者服务部 010-62732336

编辑部 010-62732617，2618　　出 版 部 010-62733440

网　　址 http://www.caupress.cn　　**E-mail** cbsszs @ cau.edu.cn

经　　销 新华书店

印　　刷 北京鑫丰华彩印有限公司

版　　次 2018年7月第1版　2018年7月第1次印刷

规　　格 787×1092　16开本　13.5印张　330千字

定　　价 36.00元

图书如有质量问题本社发行部负责调换

编写人员

主　编　杨应杰（郑州工程技术学院）
　　　　王　鹏（河南誉金会计师事务所有限公司）
　　　　徐士珺（河南农业职业学院）

副主编　杨久慧（河南农业职业学院）
　　　　李　芳（郑州成功财经学院）
　　　　李保仓（郑州工程技术学院）
　　　　李　青（信阳天一窗业有限公司）

参　编　刘莎莎（河南农业职业学院）
　　　　李　真（河南农业职业学院）
　　　　尚　慧（河南农业职业学院）
　　　　庄蒙蒙（河南农业职业学院）

审　稿　褚　颖（河南农业职业学院）

前　言

会计基础是一门实践性和应用性很强的学科。教学实践证明，在会计专业知识的传授过程中，增强会计基本技能的模拟实训对于会计理论的学习是必不可少的教学环节。因此，为培养学生的会计岗位操作技能，使学生具备胜任会计职业的能力，我们编写了与《会计基础》相配套的同步训练教材——《会计基础实训》一书。

本教材围绕高等职业教育培养技能型、应用型人才的目标，在编写过程中密切结合企业财务工作者的实践经验，吸收会计师事务所注册会计师及企业的一线会计人员参加教材编写。教材内容编写做到了与会计职业标准相对接、学历证书与会计专业技术资格相对接。教材分会计单项技能实训、会计基本技能综合模拟实训和会计水平测试三部分作为会计基础教学辅助内容，以便于学生自学和练习，同时供教师指导学生会计实践技能之用。其中会计单项技能实训部分是按照主教材《会计基础》各项目内容顺序编写，设有单选、多选、判断、技能操作实训等题型；会计基本技能综合模拟实训配有综合模拟实训题，目的是通过仿真模拟实训，提高学生的会计基本操作技能，培养学生良好的会计职业能力，实现学生所学知识与实际工作的“零距离”对接，为将来从事会计工作奠定良好的基础；最后还附有会计水平测试，其目的是通过训练，提高学生对会计基本理论知识的理解掌握和应用能力，是学生学习结束本课程的自我测试。教材具有内容新和实用性、仿真性强的特点，突出应用性，强化可操作性，注重实际应用能力的培养，充分体现高等职业教育教材的特色。

本教材由郑州工程技术学院杨应杰、河南誉金会计师事务所有限公司王鹏和河南农业职业学院徐士珺担任主编，河南农业职业学院杨久慧、郑州成功财经学院李芳、郑州工程技术学院李保仓和信阳天一窗业有限公司李青担任副主编。第一部分编写分工如下：项目一由杨应杰编写；项目二由李芳编写；项目三由杨久慧编写；项目四由李青编写；项目五由李保仓编写；项目六由尚慧编写；项目七、八由庞蒙蒙（河南农业职业学院）编写；

项目九由李真、刘莎莎(河南农业职业学院)编写。第二部分由徐士珺、王鹏编写,第三部分由李真、刘莎莎编写。本教材由河南农业职业学院褚颖教授主审,在审定过程中提出了许多宝贵的意见和建议,在此表示衷心的感谢。教材在编写过程中,得到了各相关院校与企业的大力支持,同时,也参考了相关的同类教材和图书,在此一并表示感谢。

本教材可作为高等职业院校经济管理类专业和其他相关专业会计基础课程的同步技能训练用书,也可作为财务工作人员的培训教材以及会计从业人员的自学参考书。尽管我们在教材的编写特色上做出了一定努力,但由于作者水平所限,书中难免有疏漏及不妥之处,敬请读者批评指正,以便今后修改完善。

编　者

2018 年 3 月

目 录

第一部分
会计单项技能实训

项目一　会计基本知识认知

◆ 理论知识训练

一、单项选择题(将正确答案的英文字母填在括号内)

1. 我国“会计”一词最早产生于(　　)时期。

A. 原始社会　　B. 西周　　C. 西汉　　D. 南北朝

2.“四柱清册”出现在(　　)。

A. 西周　　B. 西汉　　C. 宋朝　　D. 明朝

3. 工业企业资金从货币资金开始,经过供、产、销三个过程,依次从货币资金到固定资金、储备资金、生产资金和产品资金,再到货币资金的过程称为(　　)。

A. 资金的利用　　B. 资金的投入

C. 资金的循环周转　　D. 资金的退出

4. 借贷复式记账法最早出现在(　　)。

A. 意大利　　B. 法国　　C. 日本　　D. 英国

5. 会计的基本职能是(　　)。

A. 预测和决策　　B. 分析和考核　　C. 核算和监督　　D. 控制和检查

6. 下列各项中,属于境外设立的中国企业向国内报送财务会计报告应当采用的货币是(　　)。

A. 美元　　B. 欧元　　C. 人民币　　D. 所在国货币

7. 会计核算的对象是(　　)。

A. 实物运动　　B. 资金运动　　C. 会计运动　　D. 经济运动。

8. 确认办公用楼租金 60 万元,用银行存款支付 10 万元,50 万元未付。按照权责发生制和收付实现制分别确认费用(　　)万元。

A. 10,60　　B. 60,0　　C. 60,50　　D. 60,10

9. 会计的主要计量形式是(　　)。

A. 实物量度　　B. 劳动量度

C. 货币量度　　D. 实物、劳动和货币三种量度

10. 确定会计核算空间范围的是下列哪一项(　　)?

A. 会计主体　　B. 持续经营　　C. 会计分期　　D. 货币计量

11. 企业提供的会计信息应当清晰明了,便于财务会计报告使用者理解和使用。这体现的是(　　)要求。

A. 相关性　　B. 可靠性　　C. 及时性　　D. 可理解性

12. 会计主要的计量单位是(　　)。

A. 货币　　B. 劳动量　　C. 实物　　D. 价格

13. 下列项目不属于会计信息质量要求的是(　　)。

A. 可靠性　　B. 实质重于形式　　C. 持续经营　　D. 重要性

14. 企业提供的会计信息应有助于财务会计报告使用者对企业过去或现在的情况做出评价,对未来的情况做出预测,这体现了会计信息质量要求中的(　　)要求。

A. 可靠性　　B. 相关性　　C. 可理解性　　D. 可比性

15. 资金退出是资金运动的终点,下列经济业务属于资金退出的是(　　)。

A. 偿还借款　　B. 对外销售产品

C. 购置固定资产　　D. 出售固定资产

二、多项选择题(将正确答案的英文字母填在括号内)

1. 会计随着人类社会生产的发展和经济管理的需要而产生、发展并不断得到完善。其中,会计的发展可划分为(　　)阶段。

A. 古代会计　　B. 近代会计　　C. 现代会计　　D. 未来会计

2. 会计核算职能是指会计以货币为主要计量单位,通过(　　)等环节,对特定主体的经济活动进行记账、算账、报账,用以及时正确地反映经济活动的过程和结果,为各有关方面提供会计信息的功能。

A. 确认　　B. 计量　　C. 记录　　D. 报告

3. 会计的监督职能也称为控制职能,会计监督按监督的时间不同,包括(　　)。

A. 事前监督　　B. 事中监督　　C. 事后监督　　D. 综合监督

4. 会计核算的内容是指特定主体的资金运动,包括(　　)等阶段。

A. 资金的投入　　B. 资金的循环与周转

C. 资金的储存　　D. 资金的退出

5. 会计除了核算和监督的基本职能外,还具有(　　)等职能。

A. 会计预测　　B. 会计决策　　C. 会计控制　　D. 会计分析

6. 我国《企业会计制度》规定,会计期间分为(　　)。

A. 年度　　B. 半年度　　C. 季度　　D. 月度

7. 会计监督职能是指会计人员在进行会计核算的同时,对经济活动的(　　)进行审查。

A. 真实性　　B. 合法性　　C. 合理性　　D. 时效性

8. 会计核算的基本前提是(　　)。

A. 会计主体　　B. 持续经营　　C. 核算与监督　　D. 货币计量

E. 会计分期

9. 下列项目中属于会计信息质量要求的有(　　)。

A. 客观性　　B. 及时性　　C. 可比性　　D. 谨慎性

10. 以下属于会计核算方法的有(　　)。

A. 设置账户　　B. 核算与监督　　C. 填制和审核凭证　　D. 登记账簿

11. 下列各项中,属于企业会计核算具体内容的有(　　)。

A. 款项和有价证券的收付　　B. 财产物资的收发、增减和使用

C. 债权、债务的发生和结算　　D. 财务成果的计算和处理

12. 下列各项会计处理方法中,体现谨慎性要求的有(　　)。
A. 采用双倍余额递减法计提固定资产折旧
B. 将融资租入固定资产视作自有固定资产核算
C. 无形资产期末按照其账面价值与可收回金额孰低计价
D. 固定资产期末采用成本计价

三、判断题(对的画√,错的画×)

1. 会计对象是指会计核算、会计监督的内容。(　　)
2. 企业会计的对象就是企业的资金运动。(　　)
3. 会计的基本职能包括会计核算与会计分析。(　　)
4. 货币是会计核算的唯一计量单位。(　　)
5. 会计主体确定了会计核算的空间范围。(　　)
6. 会计监督,只能是在发生和完成经济活动后,对其合法性和合理性进行检查、分析、考核和评价。(　　)
7. 谨慎性要求,凡是不属于当期的收入和费用,即使款项已在当期收付,也不应当作为当期的收入和费用。(　　)
8. 会计核算应按规定的会计处理方法进行,前后各期应当保持一致,不得随意变更,这是会计核算的可比性原则。(　　)
9. 由于有了持续经营这个会计核算的基本假设,才产生了当期与其他期间的区别,从而出现了权责发生制与收付实现制的区别。(　　)
10. 乙企业是甲企业的全资子公司,乙企业购买原材料应纳入甲企业会计核算的范围。(　　)
11. 会计核算方法是会计方法中最基本的方法。(　　)
12. 商品流通企业资金的循环和周转经过供应、生产和销售三个阶段。(　　)
13. 会计核算所提供的各种信息是会计监督的依据。(　　)
14. 资金的退出指的是资金离开本企业,退出资金的循环与周转,主要包括提取盈余公积、偿还各项债务,上交各项税费以及向所有者分配利润等。(　　)

◆ 岗位技能实训

实训一　掌握会计核算和监督的内容

(一)资料

南方公司 2017 年 7 月份的经济活动资料如下:
1. 收到一批原材料验收入库,总价值 426 000 元。
2. 收到销售款 351 000 元存入银行。
3. 总经理签署采购部门的材料请购书。
4. 支付电台广告费 46 000 元。
5. 董事会初步研究决定达成向 A 企业投资意向。
6. 供应部门签订一项购货合同。

7.采购员出差预借现金,出纳以 5 000 元付讫。

8.采购员出差回来报销差旅费 3 800 元。

9.投入 A 企业机器设备一台,价值 160 000 元。

10.购买办公用品一批,价值 1 250 元。

(二)要求

根据南方公司 2017 年 7 月的经济活动资料,请判断哪些属于会计核算和监督的内容,哪些不是?为什么?

实训二　权责发生制和收付实现制的比较应用

(一)资料

N 公司 2017 年 1 月份部分经济业务如下:

1.收到购货单位的预付货款 60 000 元存入银行,下月交货。

2.销售产品货款 180 000 元(不含税),款项已存入银行。

3.销售产品货款 25 000 元(不含税),款项尚未收到。

4.预付 7—12 月份房屋租金 48 000 元,款项已支付。

5.确认应由本月负担的银行借款利息 3 500 元,款项尚未支付。

6.收到上月份的销货款 150 000 元,款项已存入银行。

(二)要求

根据上述经济业务,按权责发生制和收付实现制分别确认 1 月份的收入和费用,并将相关数字填入表 1-1:

表 1-1　收入和费用确认表

业务号	权责发生制		收付实现制	
	收入	费用	收入	费用
1				
2				
3				
4				
5				
6				
合计				

实训三　按不同的记账基础确认收益

(一)资料

M 公司 2018 年第三季度发生的部分经济业务如下:

1.7—9 月份各销售产品 80 000 元,9 月末一次收到货款 120 000 元存入银行。

2.7—9 月份每月应负担的短期借款利息 1 200 元,共计 3 600 元,9 月末以银行存款支付应付利息 3 600 元。

3.9 月末以银行存款支付 10—12 月份的房屋租金 36 000 元。

(二)要求

根据上述经济业务,按权责发生制和收付实现制分别确认收入、成本费用和收益,并将相关数字填入表 1-2:

表 1-2　收入、费用和收益确认表

项目	权责发生制				收付实现制			
	7 月	8 月	9 月	合计	7 月	8 月	9 月	合计
收入								
费用								
收益								

实训四　案例分析

(一)资料

2017 年 10 月,W 市审计局派出检查组对市属某单位的会计工作进行检查。检查中了解到以下情况:

(1)2017 年 1 月,新领导赵红上任后,将其朋友的女儿张丽调入该单位财务科担任出纳,并兼管会计档案保管工作,张丽不具备从事会计工作相关能力。

(2)2017 年 5 月,会计小张申请调离该单位,单位人事部门在其没有办清会计工作交接手续的情况下,即为其办理调动手续。

(二)要求

指出上述情况中该单位的行为是否符合法律规定,并说明理由。

项目二　划分会计要素与构建会计等式

◆ 理论知识训练

一、单项选择题(将正确答案的英文字母填在括号内)

1. 下列关于会计要素的表述中,不正确的是(　　)。
   A. 会计要素是对会计对象的基本分类
   B. 会计要素是对会计核算对象的具体化
   C. 资产、负债和所有者权益称为静态会计要素
   D. 收入、成本和利润构成利润表的基本框架

2. 下列不属于反映企业财务状况的会计要素是(　　)。
   A. 资产　　B. 负债　　C. 所有者权益　　D. 利润

3. 企业的所有者权益在金额上等于(　　)。
   A. 企业流动负债减去长期负债后的差额
   B. 企业流动资产减去流动负债后的差额
   C. 企业全部资产减去全部负债后的差额
   D. 企业长期负债减去流动负债后的差额

4. 企业收到投资者追加投资 300 000 元,款项存入银行。关于这笔经济业务,以下说法正确的是(　　)。
   A. 导致资产内部增减变动,总额不变
   B. 导致资产增加,负债增加
   C. 导致资产增加,所有者权益增加
   D. 导致所有者权益内部增减变动,总额不变

5. 下列不属于所有者权益的是(　　)。
   A. 实收资本　　B. 资本公积　　C. 盈余公积　　D. 主营业务收入

6. M 公司 2017 年 1 月初资产总额为 100 万元,本月发生下列业务:(1)以银行存款购买原材料 10 万元;(2)向银行借款 60 万元,款项存入银行;(3)以银行存款归还前欠货款 30 万元。则月末该公司资产总额为(　　)万元。
   A. 130　　B. 160　　C. 100　　D. 110

7. 资产按照现在购买相同或者相似资产所需支付的现金或者现金等价物的金额计量的会计计量属性是(　　)。
   A. 历史成本　　B. 重置成本　　C. 公允价值　　D. 现值

8. 某企业 2017 年 1 月初资产总额为 80 万元，本月发生下列业务：(1)从银行取得借款 5 万元存入银行；(2)用银行存款购买材料 2 万元(不考虑增值税)；(3)收回应收账款 8 万元存入银行；(4)以银行存款偿还货款 6 万元。则月末资产总额为(　　)万元。

A. 82　　B. 79　　C. 89　　D. 87

9. 流动资产是指变现或耗用期限在(　　)的资产。

A. 一年以内　　B. 一个营业周期内

C. 一年内或一个正常营业周期内　　D. 一个正常营业周期内

10. 关于所有者权益与负债的区别，下列说法中不正确的是(　　)。

A. 负债的求偿力高于所有者权益

B. 所有者的投资收益取决于企业的经营成果

C. 债权人的求偿权有固定到期日

D. 所有者承受的风险低于债权人

11. 下列各项中，属于流动负债的是(　　)。

A. 预收账款　　B. 应收账款　　C. 应收票据　　D. 应付债券

12. 某公司 2017 年初资产总额 5 000 000 元，负债总额 2 000 000 元，当年接受投资者投资 500 000 元，从银行借款 1 000 000 元。该公司 2017 年末所有者权益应为(　　)元。

A. 2 500 000　　B. 1 500 000　　C. 3 500 000　　D. 5 000 000

13. 某企业 2017 年 7 月初的资产总额为 15 万元，负债总额为 5 万元。7 月份发生下列业务：取得收入共计 6 万元，发生费用共计 4 万元，则 7 月底该企业的所有者权益总额为(　　)。

A. 12 万元　　B. 17 万元　　C. 16 万元　　D. 10 万元

14. 下列表述中，正确的是(　　)。

A. 所有者权益的金额应等于企业总资产金额

B. 所有者权益的金额应等于企业总资产减去总负债后的余额

C. 所有者权益的金额应等于企业净利润金额

D. 所有者权益的金额应等于企业总负债金额

二、多项选择题(将正确答案的英文字母填在括号内)

1. 下列各项中，对收入特征表述正确的有(　　)。

A. 收入是企业在日常活动中产生的

B. 收入会导致所有者权益增加，与所有者投入资本无关

C. 收入包括本企业经济利益的流入和代收的款项

D. 收入可能表现为资产的增加，也可能表现为负债的增加

2. 企业收入的取得可能影响下列会计要素的情况有(　　)。

A. 资产的增加　　B. 负债的减少

C. 费用的减少　　D. 所有者权益的增加

3. 下列各项中，不属于资产的有(　　)。

A. 长期闲置不用的机器设备

B. 以融资租入方式租入的固定资产

C. 签订购货合同，计划下月购入的固定资产

D. 以经营租入方式租入的固定资产

4. 下列各项中，资产特征表述正确的有（　　）。

A. 资产是由过去的交易或事项形成的

B. 资产是企业拥有或控制的资源

C. 资产是预期能给企业带来经济利益的经济资源

D. 资产必须是有形态的实物资产

5. 下列关于会计等式“收入－费用＝利润”的表述中，正确的有（　　）。

A. 它是对会计基本等式的补充和发展

B. 它表明了企业在一定会计期间经营成果与相应的收入和费用之间的关系

C. 它是经营成果等式

D. 它实际上反映的是企业资金运动的绝对运动形式，故也称为静态会计等式

6. 企业经济业务的发生，对“资产＝权益”等式的影响表述正确的有（　　）。

A. 资产与权益同时等额增加　　B. 资产方等额有增有减，权益不变

C. 资产与权益同时等额减少　　D. 权益方等额有增有减，资产不变

7. “资产＝负债＋所有者权益”，这一会计等式是（　　）。

A. 复式记账的理论基础　　B. 设置账户的理论依据

C. 编制资产负债表的理论依据　　D. 发生额试算平衡的理论依据

8. 下列属于会计要素的计量属性的有（　　）。

A. 历史成本　　B. 权责发生制　　C. 可变现净值　　D. 公允价值

9. 反映资产的现时成本或者现时价值的计量属性有（　　）。

A. 重置成本　　B. 可变现净值　　C. 公允价值　　D. 现值

10. 下列经济业务，会影响企业利润的项目有（　　）。

A. 接受捐赠　　B. 销售商品取得收入

C. 取得短期借款　　D. 出租固定资产取得收入

11. 留存收益是企业历年实现的净利润留存于企业的部分，主要包括（　　）。

A. 本年利润　　B. 资本公积　　C. 盈余公积　　D. 未分配利润

12. 下列各项中，属于流动资产的有（　　）。

A. 库存商品　　B. 固定资产　　C. 应收账款　　D. 工程物资

13. 下列属于资产类会计科目的有（　　）。

A. 应收账款　　B. 累计折旧　　C. 预收账款　　D. 预付账款

14. 计入产品成本的费用包括（　　）。

A. 财务费用　　B. 制造费用　　C. 管理费用　　D. 直接人工费用

15. 下列等式中正确的有（　　）。

A. 资产＝负债＋所有者权益　　B. 资产＝负债＋所有者权益＋（收入－费用）

C. 资产＝负债＋所有者权益＋利润　　D. 收入－费用＝利润

16. 发生下列业务，不影响所有者权益总额的有（　　）。

A. 分配现金股利　　B. 发放现金股利　　C. 提取盈余公积　　D. 增发股票

17. 下列选项中，正确的有（　　）。

A. 资产与权益同时增加，总额增加　　B. 资产与负债一增一减，总额不变

C. 资产内部同时减少，总额减少　　D. 权益内部的一增一减，总额不变

18. 下列能引起所有者权益总额发生变化的情况有(　　)。

A. 资产、负债同时增加　　B. 资产、负债同时减少

C. 资产不变，负债增加　　D. 资产不变，负债减少

19. 资产与权益的恒等关系是(　　)。

A. 总账与明细账平行登记的理论依据　　B. 复式记账法的理论依据

C. 编制资产负债表的依据　　D. 试算平衡的理论依据

三、判断题(对的画√，错的画×)

1. 企业收到某企业支付的欠款，该项经济业务会引起会计等式左右两边会计要素发生同时增加的变化。(　　)

2. 损益类科目用于核算收入、费用、成本的发生和归集，提供一定期间与损益相关的会计信息的会计科目。(　　)

3. 所有者权益类会计科目中对所有者权益要素的具体内容进行分类核算的项目，包括实收资本、资本公积、盈余公积和未分配利润四个会计科目。(　　)

4. 资产、负债和所有者权益三项会计要素是资金运动的动态表现，反映企业的财务状况，构成资产负债表的基本框架。(　　)

5. 利润是收入与费用配比相抵后的差额，是经营成果的最终要素。(　　)

6. 在重置成本计量下，资产按照购置时支付的现金或者现金等价物的金额，或者按照购置资产时所付出的对价的公允价值计量。(　　)

7. 有一定数额的资产必然有一定数额的权益，有一定数额的权益也必定有一定数额的资产。(　)

8. 费用可分为营业成本和期间费用。(　　)

9. 流动负债可以是一年内或超过一年的一个营业周期内偿还的债务。(　　)

10. 按照我国的《企业会计准则》，负债不仅指现时已经存在的债务责任，还包括某些将来可能发生的、偶然事项形成的债务责任。(　　)

11. 资产包括固定资产和流动资产两部分。(　　)

12. 经济业务的发生可能导致资产要素不变，而引起负债和所有者权益一增一减的情况。(　　)

13. 会计等式揭示了会计主体的产权关系，财务状况和经营成果。(　　)

14. "资产＝负债＋所有者权益"是最基本的会计等式，是复式记账的理论基础，是试算平衡和编制会计报表的理论依据。(　　)

◆ 岗位技能实训

实训　熟悉会计要素的内容及分类

(一)资料

某企业2017年9月30日财务状况如表2-1所示：

表 2-1 某企业 2017 年 9 月 30 日财务状况 金额单位:元

序号	内容	金额	资产	负债	所有者权益
1	欠银行的 1 年期借款	800 000			
2	存放在银行的存款	670 000			
3	厂部、生产用房屋	2 780 000			
4	购货时欠的货款	987 000			
5	机器设备	4 590 000			
6	仓库	240 000			
7	上月应缴未缴的税费	170 000			
8	库存的 A 产品	3 640 000			
9	尚未收回的货款	380 000			
10	投资者投入的资本	6 783 000			
11	仓库中的原材料	4 920 000			
12	3 年期借款	1 200 000			
13	存放在保险柜的现金	6 000			
14	未分配的利润	6 863 000			
15	轿车	180 000			
合计					

(二)要求

1. 辨别表 2-1 各内容归属的要素类别,并将其金额填入三要素中的正确一栏。

2. 分别加计该企业资产、负债及所有者权益总额,填入合计栏中,并说明结果之间的关系。

项目三　开设账户与复式记账

◆ 理论知识训练

一、单项选择题(将正确答案的英文字母填在括号内)

1. 下列关于账户和会计科目的表述中,错误的是(　　)。
A. 账户是会计科目的名称,会计科目是账户的具体应用
B. 两者之间的区别在于账户具有一定的格式和结构
C. 实际工作中,对账户和会计科目不加严格区别,而是互相通用
D. 账户能反映会计要素增减变化的情况及其结果,而会计科目不能

2. (　　)具有一定的格式和结构,用于分类反映会计要素增减变动情况及其结果的载体。
A. 账户　　B. 会计科目　　C. 会计凭证　　D. 财务报表

3. 会计科目按其所(　　)不同分为总分类科目和明细分类科目。
A. 反映的会计对象　　B. 归属的会计要素
C. 提供信息的详细程度及其统驭关系　　D. 反映的经济业务

4. 下列关于会计科目的表述中,不正确的是(　　)。
A. 会计科目是对会计要素的具体内容进行分类核算的项目
B. 会计科目按照其所属的会计要素不同,可分为七大类科目
C. 会计科目按其所提供的详细程度及其统驭关系不同,可分为总分类科目和明细分类科目
D. 设置会计科目应遵循合法性、相关性和实用性原则

5. 以下表述不正确的是(　　)。
A. 总分类科目是提供会计要素的总括信息的会计科目
B. 明细分类科目是提供更详细和更具体会计信息的科目
C. 明细科目较多的总账科目,可在总账科目和明细科目之间设立二级科目或多级科目
D. 会计科目按所其所反映的经济内容不同分为资产类、负债类、所有者权益类、收入类、费用类和利润类六大类

6. 发生额试算平衡方法是根据(　　)来确定的。
A. 平行登记原则　　B. 借贷记账法的记账规则
C. 资产=负债+所有者权益　　D. 收入-费用=利润

7. 企业收回以前的销货款存入银行,这笔业务的发生导致(　　)。
A. 资产总额不变　　B. 资产总额不变,负债增加
C. 资产总额减少　　D. 资产与负债同时增加

8.“预付账款”科目的期末余额等于(　　)。

A. 期初余额＋本期借方发生额－本期贷方发生额

B. 期初余额＋本期借方发生额＋本期贷方发生额

C. 期初余额－本期借方发生额＋本期贷方发生额

D. 期初余额－本期借方发生额－本期贷方发生额

9.“公允价值变动损益”科目按其所归属的会计要素不同，属于(　　)类科目。

A. 资产　　B. 负债　　C. 所有者权益　　D. 损益

10.“主营业务收入”科目按其所归属的会计要素不同，属于(　　)类科目。

A. 资产　　B. 所有者权益　　C. 成本　　D. 损益

11.“待处理财产损溢”科目属于(　　)。

A. 资产类科目　　B. 负债类科目

C. 所有者权益类科目　　D. 成本类科目

12.“应交税费”科目属于(　　)类会计科目。

A. 所有者权益　　B. 负债　　C. 成本　　D. 损益

13. 甲企业“应收账款”科目期初借方余额 40 000 元，本期收回应收的货款 15 000 元，该科目期末为借方余额 60 000 元，则企业本期必定还发生了(　　)。

A. 应收账款增加 20 000 元　　B. 应收账款减少 20 000 元

C. 应收账款增加 35 000 元　　D. 应收账款减少 35 000 元

14. 下列关于会计分录的表述中，不正确的是(　　)。

A. 应借应贷方向、科目名称和金额构成了会计分录的三要素

B. 会计分录按涉及科目多少，可以分为简单会计分录和复合会计分录

C. 复合会计分录是指涉及两个以上(不含两个)对应科目所组成的会计分录

D. 会计实际工作中，最常用的会计分录为一借一贷、多借多贷分录

15. 应收账款账户期初借方余额为 35 400 元，本期借方发生额为 26 300 元，本期贷方发生额为 17 900 元，该账户期末余额为(　　)。

A. 借方 43 800 元　　B. 借方 27 000 元

C. 贷方 43 800 元　　D. 贷方 27 000 元

16. 下列有关借贷记账法的表述中，正确的是(　　)。

A. 借贷记账法是复式记账法的一种

B. 借贷记账法中的“借”表示增加

C. 借贷记账法中的“贷”表示减少

D. 借贷记账法下，负债增加记借方，减少记贷方

17.“一借多贷”会计分录属于(　　)。

A. 简单会计分录　　B. 复合会计分录　　C. 单项会计分录　　D. 多项会计分录

18. 复式记账法是以(　　)为依据建立的一种记账方法。

A. 试算平衡　　B. 基本会计等式　　C. 会计科目　　D. 经济业务

19. 借贷记账法的记账规则是(　　)。

A. 资产＝负债＋所有者权益　　B. 以“借”、“贷”为记账符号

C. 借方记增加，贷方记减少　　D. 有借必有贷，借贷必相等

20. 借贷记账法的余额试算平衡公式是(　　)。
A. 每个账户的借方发生额＝每个账户贷方发生额
B. 全部账户本期借方发生额合计＝全部账户本期贷方发生额合计
C. 全部账户期末借方余额合计＝全部账户期末贷方余额合计
D. 全部明细分类账户期末余额合计＝总分类账户期末余额合计
21. 下列表述中，正确的是(　　)。
A. 从某个企业看，其全部科目的借方余额合计与全部科目的贷方余额合计不一定相等
B. 从某个会计分录看，借方科目与贷方科目之间互为对应科目
C. 试算平衡的目的是验证企业的全部科目的借方发生额合计与借方余额合计是否相等
D. 不能编制多借多贷的会计分录
22. 在借贷记账法下，“投资收益”的增加额登记在(　　)。
A. 借方　　B. 贷方　　C. 借方和贷方　　D. 借方或贷方
23. “盈余公积”账户的期末余额(　　)。
A. 在借方　　B. 在贷方
C. 可能在借方，也可能在贷方　　D. 无余额
24. 下列会计科目中，如月末有余额，一般在贷方的是(　　)。
A. 银行存款　　B. 长期借款
C. 材料采购　　D. 应收利息
25. 资产类账户的借方一般登记(　　)。
A. 本期增加发生额　　B. 本期减少发生额
C. 本期增加或减少发生额　　D. 以上都对
26. 借贷记账法是以(　　)为记账符号的一种复式记账法。
A. “借”和“贷”　　B. “增”和“减”
C. “收”和“付”　　D. 会计科目
27. 存在对应关系的账户被称为(　　)。
A. 一级账户　　B. 对应账户
C. 总分类账户　　D. 明细分类账户
28. 我国《企业会计准则——基本准则》中明确规定，企业应当采用的记账方法是(　　)。
A. 借贷记账法　　B. 收付记账法
C. 增减记账法　　D. 单式记账法
29. 下列错误能够通过试算平衡发现的是(　　)。
A. 漏记某个会计科目　　B. 漏记某项经济业务
C. 错记某项经济业务　　D. 借贷方向颠倒
30. 在借贷记账法下，一般有借方余额的账户是(　　)。
A. 成本类账户　　B. 负债类账户
C. 损益类账户　　D. 费用类账户
31. 一般情况下，“实收资本”科目的期末余额应该在(　　)。
A. 在借方　　B. 在贷方　　C. 在借方或贷方　　D. 无余额

32. 在借贷记账法下，资产类账户的期末余额一般在（　　）。

A. 借方　　B. 贷方　　C. 在借方，也可以在贷方　　D. 无余额

33. 下列各项中应该由会计科目贷方核算的是（　　）。

A. 资产的增加额　　B. 资产的减少额

C. 费用的增加额　　D. 所有者权益的减少额

二、多项选择题（将正确答案的英文字母填在括号内）

1. 下列账户中，属于负债类账户的有（　　）。

A. 累计摊销　　B. 短期借款　　C. 研发支出　　D. 预收账款

2. 下列说法正确的有（　　）。

A. 会计科目的设置应保证科学、合理、适用

B. 会计科目应当符合国家统一的会计制度规定

C. 会计科目的设置应当满足对外报告的需要

D. 会计科目的设置应当满足单位的实际需要

3. 下列错误不会影响借贷双方的平衡关系的是（　　）。

A. 漏记某项经济业务　　B. 重记某项经济业务

C. 记错方向，把借方计入贷方　　D. 借贷错误巧合，正好抵销

4. 下列属于总分类科目的有（　　）。

A. 其他货币资金　　B. 主营业务成本

C. 其他应收款　　D. 银行本票存款

5. 下列属于会计科目分类方法的有（　　）。

A. 按其提供信息的详细程度及统驭关系分类

B. 按其核算性质不同进行分类

C. 按其企业会计核算制度需要分类

D. 按其归属的会计要素分类

6. 下列属于资产类会计科目的有（　　）。

A. 应收账款　　B. 在途物资　　C. 预收账款　　D. 预付账款

7. 下列属于成本类会计科目的有（　　）。

A. 生产成本　　B. 主营业务成本　　C. 制造费用　　D. 销售费用

8. 下列属于负债类会计科目的有（　　）。

A. 短期借款　　B. 预计负债　　C. 应付职工薪酬　　D. 应交税费

9. 在借贷记账法下，成本费用类账户的结构表现为（　　）。

A. 借方记增加　　B. 贷方记减少

C. 贷方记增加　　D. 期末结转后无余额

10. 以下属于备抵账户的有（　　）。

A. 坏账准备　　B. 累计摊销　　C. 累计折旧　　D. 资产减值损失

11. 下列关于借贷记账法的说法中正确的有（　　）。

A. 应该根据账户反映的经济业务的性质确定记入账户的方向

B. 可以进行发生额试算平衡和余额试算平衡

C. 以“有借必有贷，借贷必相等”作为记账规则

D. 以“借”、“贷”作为记账符号

12. 科目哪一方登记增加，哪一方登记减少，取决于(　　)。

A. 科目的基本结构　　B. 科目的性质

C. 会计核算方法　　D. 所记录经济业务

13. 下列各项经济业务中，会使企业资产总额和权益总额同时发生增加变化的有(　　)。

A. 赊购设备一台，设备已经交付使用

B. 用资本公积转增实收资本

C. 收到某投资者投资，款项已存入银行

D. 向银行借入半年期的借款，已存入银行

14. 在借贷记账法下，收入类账户的借方登记(　　)。

A. 增加数　　B. 减少数　　C. 结转数　　D. 增加数或结转数

15. 在借贷记账法下，“期末余额＝期初余额＋本期借方发生额－本期贷方发生额”属于(　　)类会计科目计算期末余额的公式。

A. 资产类　　B. 负债类　　C. 所有者权益类　　D. 成本类

16. 复式记账法要求每一笔经济业务事项都必须用相等的金额，在(　　)相互联系的科目中进行登记。

A. 一个　　B. 两个　　C. 三个　　D. 两个以上

17. 余额试算平衡中的平衡关系有(　　)。

A. 全部账户的本期借方发生额合计＝全部账户的本期贷方发生额合计

B. 全部账户的期初借方余额合计＝全部账户的期末贷方余额合计

C. 全部账户的期初借方余额合计＝全部账户的期初贷方余额合计

D. 全部账户的期末借方余额合计＝全部账户的期末贷方余额合计

18. 损益类账户一般具有以下特点(　　)。

A. 费用类账户的增加额记借方　　B. 收入类账户的减少额记借方

C. 期末一般无余额　　D. 期末要结转到“利润分配”科目

19. 在借贷记账法下，可以在账户借方登记的是(　　)。

A. 资产的增加　　B. 负债的增加　　C. 收入的增加　　D. 所有者权益的减少

20. 期末损益类账户结转时，下列选项中“本年利润”贷方的对应科目有(　　)。

A. 主营业务成本　　B. 税金及附加

C. 其他业务收入　　D. 主营业务收入

21. 运用借贷记账法记账规则登记经济业务时，下列说法正确的有(　　)。

A. 应根据经济业务的内容确定所涉及的会计要素

B. 确定所涉及的会计要素是增加还是减少

C. 确定经济业务所涉及的会计科目

D. 确定应将其记入有关账户的借方或贷方及其金额

22. 下列说法正确的是(　　)。

A. 资产类账户增加记贷方，减少记借方

B. 负债类账户增加记贷方，减少记借方

C. 收入类账户增加记贷方，减少记借方

D. 费用类账户增加记贷方，减少记借方

23. 下列关于会计分录的说法，正确的是（　　）。

A. 既允许一借一贷，也允许一借多贷、多借一贷或多借多贷

B. 必须既有借方科目又有贷方科目，且借贷金额合计相等

C. 既允许一借一贷，也允许一借多贷或多借一贷，但不允许多借多贷

D. 必须既有借方科目又有贷方科目，但借贷方科目合计金额不一定相等

三、判断题（对的画√，错的画×）

1. 会计科目和账户一样都是可以反映交易或事项的发生所引起的会计要素各项目的增减变动情况和结果。（　　）

2. 账户的本期发生额说明特定资金项目在某一会计期间增加或减少变动的状况，提供该资金项目变化的动态信息。因此，账户的本期发生额属于"静态"经济指标范畴。（　　）

3. 本期发生额是一个期间指标，它说明某类经济内容的增减变动情况。（　　）

4. 为了保证会计信息的可比性，总分类科目由国家统一会计制度规定。（　　）

5. 明细分类科目是对总分类科目进一步分类、提供更详细、更具体的会计信息的科目。（　　）

6. 成本类科目，是对可归属于产品生产成本、劳务成本等的具体内容进行分类核算的项目。（　　）

7. 在会计核算中除了要按照各会计要素的不同特征，还应该根据经营管理的要求进行系统的分类，设置会计科目。（　　）

8. 复式记账法是以资产与权益平衡关系作为记账基础，对于每一笔经济业务，都要在两个或两个以上的会计科目中进行登记，系统地反映资金运动变化结果的一种记账方法。（　　）

9. 构成会计分录要素的有借贷方向、科目名称、经济业务内容和金额。（　　）

10. 编制试算平衡表时，也应该包括只有期初余额而没有本期发生额的账户。（　　）

11. 在发生经济业务时，单式记账法只在一个账户中登记，复式记账法则在两个账户中登记。（　　）

12. 按照平行登记中同时期登记的要求，每项经济业务必须在记入总分类科目的当天记入所属的明细分类科目。（　　）

13. 发生额试算平衡是通过编制"余额试算平衡表"来进行的。（　　）

14. 试算平衡表可以只根据各个账户的本期发生额编制，不填列各账户的期初余额和期末余额。（　　）

15. 损益类账户的期末余额＝期初余额＋本期贷方发生额－本期借方发生额。（　　）

16. 通常账户的借方表示增加，账户的贷方表示减少。（　　）

17. 借贷记账法中的记账规则，概括地说就是："有借必有贷，借贷必相等"。（　　）

18. 借贷记账法是国际上通用的复式记账法。（　　）

19. 在实际工作中发生账户借贷方向颠倒的记账错误，不能通过试算平衡的方法来发现。（　　）

20. 应收账款科目借方登记的是应收款项的增加数。（　　）

21. 经济业务的发生可能导致资产要素不变，负债和所有者权益一增一减的情况。（ ）
22. 复式记账法的记账基础是基本会计等式。（ ）
23. 所有者权益科目的余额在贷方，表示所有者权益的结存数。（ ）
24. “应收账款”账户的期末余额＝期初余额＋本期贷方发生额－本期借方发生额。（ ）

◆ 岗位技能实训

实训一 熟悉会计科目分类

(一)资料

大华公司 2017 年 5 月 31 日财务状况具体项目如下：

1. 存放在出纳处的现金 1 360 元。
2. 运输设备价值 265 000 元。
3. 本月应交的税费 188 000 元。
4. 房屋及建筑物 4 680 000 元。
5. 应付给宏达公司的材料款 236 000 元。
6. 存放在开户银行的款项 1 249 040 元。
7. 向银行借入 3 年期的借款 3 000 000 元。
8. 存放在仓库中的生产用材料 789 000 元。
9. 所有者投入的资本 5 700 000 元。
10. 机器设备 4 700 000 元。
11. 应收新鑫公司的货款 380 000 元。
12. 存放在仓库中的已完工 B 产品 860 000 元。
13. 以前年度积累的未分配利润 3 437 400 元。
14. 应付本月职工工资 363 000 元。

(二)要求

1. 判断上列各项应用的会计科目名称及所属会计要素类别，并填入表 3-1。
2. 试算资产总额是否等于负债与所有者权益总额。

表 3-1 资产、负债、所有者权益关系 金额单位：元

序号	项目	会计科目	资产	负债	所有者权益
1	如：存放在出纳处的现金	库存现金	960		
2					
3					
4					
5					
6					

续表 3-1

序号	项目	会计科目	资产	负债	所有者权益
7					
8					
9					
10					
11					
12					
13					
14					
合计					

实训二 练习掌握会计等式

(一)资料

某企业 2017 年 9 月 1 日资产、负债、所有者权益账户期初余额如表 3-2 所示。

表 3-2 9 月份账户期初余额 金额单位:元

资产	金额	负债及所有者权益	金额
库存现金	2 800	短期借款	540 000
银行存款	675 000	应付账款	348 000
应收账款	166 000	应交税费	15 000
存货	468 000	实收资本	780 000
固定资产	900 000	本年利润	528 800
合 计	2 211 800	合 计	2 211 800

9 月份该企业发生的部分经济业务如下:

1. 接受投资者投入固定资产 850 000 元。
2. 用银行存款归还短期借款 540 000 元。
3. 以现金购买办公用品价值 460 元。
4. 以银行存款上交税费 15 000 元。
5. 本月车间领用生产产品用材料 89 000 元。
6. 销售商品取得收入 360 000 元(不考虑增值税),存入银行。
7. 为某厂提供修理服务取得收入 30 000 元,用以抵扣前欠该厂货款。

(二)要求

根据经济业务期初余额和本月发生的经济业务确认会计等式相关要素的增减变动数额及期末余额,并将其填入表 3-3。

表 3-3　会计要素增减变动表

业务	资产 = 负债 + 所有者权益 + 收入 − 费用				
期初余额					
1					
2					
3					
4					
5					
6					
7					
期末余额					

实训三　练习掌握借贷记账法及各账户中金额之间的计算

(一)资料

见表 3-4。

(二)要求

根据表 3-4 中各账户的已知金额计算出空格中的金额,并填入表 3-4 中。

表 3-4　各账户的金额　　金额单位:元

账户名称	期初余额	借方发生额	贷方发生额	期末余额
库存现金	2 600	800	2 000	
银行存款	213 400	8 000		182 400
应收账款	40 000		24 000	19 500
短期借款	35 000		15 800	22 800
原材料		122 000	120 000	130 000
应付账款	19 600	1 800		18 800
本年利润	19 600	11 400		111 000
盈余公积	17 000		8 800	18 400

实训四　练习掌握借贷记账法下会计分录的编制

(一)资料

某企业 2017 年 9 月发生部分经济业务如下:

1. 国家投入资本 500 000 元,存入银行。
2. 通过银行转账支付前欠北方公司的购货款 60 000 元。
3. 从银行提取现金 120 000 元,准备发放工资。
4. 收回应收南方公司的货款 93 600 元,存入银行。
5. 以银行存款归还向银行借入的短期借款 200 000 元。

6.某单位投入新机器一台,作为对该企业的投资,价值 250 000 元。

7.购入原材料一批,价值 160 000 元(假定不考虑增值税),货款尚未支付。

8.采购员王某出差,预借差旅费 5 000 元,出纳以现金支付。

9.以银行存款交纳上月应交增值税 12 500 元。

10.销售产品一批,价值 980 000 元,货款尚未收到。

(二)要求

根据上述业务编制相应的会计分录。

实训五 练习掌握借贷记账法下账户的登记及试算平衡表的编制

(一)资料

恒利公司 2017 年 5 月份有关账户的期初余额如表 3-5 所示。

表 3-5 5 月份有关账户的期初余额 金额单位:元

资产		负债及所有者权益	
账户名称	借方余额	账户名称	贷方余额
库存现金	900	短期借款	500 000
银行存款	908 700	应付账款	205 300
应收账款	295 200	应付职工薪酬	49 700
原材料	867 000	应交税费	18 800
生产成本	172 000	长期借款	1 000 000
固定资产	1 930 000	实收资本	2 400 000
合 计	4 173 800	合 计	4 173 800

恒利公司 2017 年 5 月份发生下列经济业务:

1.购入材料一批,计价 160 000 元(假定不考虑增值税),材料已验收入库,货款以银行存款支付。

2.从银行存款户中提取现金 5 000 元备用。

3.以银行存款支付上月应缴未缴的税费 18 800 元。

4.采购员李海预借差旅费 4 000 元,出纳以库存现金支付。

5.收到 A 公司投入新机器设备一台,价值 260 000 元。

6.生产车间从仓库领用材料 165 000 元,全部投入产品生产。

7.收到购货单位前欠的货款 185 000 元,存入银行。

8.采购员李海出差归来,报销差旅费 3 500 元,交回现金 500 元。

9.购入生产用机器设备一台 298 000 元,其中 200 000 元以银行存款支付,剩余部分暂欠。

10.以银行存款偿还应付供货单位材料款 260 000 元。

(二)要求

1.根据上述资料编制会计分录。

2.开设 T 形账户登记期初余额、本期发生额,结出期末余额。

3.编制总分类账户本期发生额及期末余额试算平衡表(表 3-6)。

表 3-6 各账户本期发生额及期末余额试算平衡表 金额单位:元

账户名称	期初余额		本期发生额		期末余额	
	借方	贷方	借方	贷方	借方	贷方
合计						

实训六 练习总分类账户和明细分类账户的平行登记

(一)资料

1. 北方公司 2017 年 5 月份有关账户的月初余额如下:

(1)总分类账户:原材料 450 000 元,应付账款 337 000 元。

(2)明细分类账户见表 3-7 和表 3-8。

表 3-7 原材料明细分类账户 金额单位:元

材料名称	计量单位	数量	单价	余额
A 材料	吨	200	800	160 000
B 材料	千克	1 500	60	90 000
C 材料	件	2 000	100	200 000
合计				450 000

表 3-8 应付账款明细分类账户 金额单位:元

供货单位名称	余额
甲公司	98 000
乙公司	185 000
丙公司	54 000
合 计	337 000

2.该公司 5 月份发生如下经济业务:

(1)2 日,向甲公司购入 A 材料 150 吨,每吨 800 元,计 120 000 元,购入 B 材料 500 千克,每千克 60 元,计 30 000 元,材料已入库,货款已用银行存款支付。

(2)6 日,以银行存款归还上月欠甲公司货款 98 000 元,乙公司货款 185 000 元。

(3)12 日,向甲公司购入 B 材料 900 千克,每千克 60 元,计 54 000 元,材料已入库,货款尚未支付。

(4)16 日,以银行存款归还丙公司货款 54 000 元。

(5)25 日,向丙公司购入 C 材料 1500 件,每件 100 元,计 150 000 元,材料已入库,货款尚未支付。

(6)28 日,仓库发出本月生产产品用的材料一批共计 460 000 元,其中 A 材料 250 吨,每吨 800 元,计 200 000 元;B 材料 1 000 千克,每千克 60 元,计 60 000 元;C 材料 2 000 件,每件 100 元,计 200 000 元。

(二)要求

1.根据资料 2 编制会计分录,并逐笔登记原材料、应付账款总分类账户和明细分类账户。

2.根据资料 1、2 计算出各账户的本月发生额和月末余额。

3.运用平行登记原理对原材料、应付账款总分类账和所属明细分类账户进行核对。

项目四　核算经济业务

◆ 理论知识训练

一、单项选择题(将正确答案的英文字母填在括号内)

1. 下列属于筹集资金业务核算运用的会计账户是(　　)。

A. 在途物资　　B. 短期借款

C. 生产成本　　D. 主营业务收入

2. 2017 年 12 月 1 日,某企业取得期限为 3 个月的短期借款 50 000 元,利率 6%,借款到期归还时应该借记“短期借款”,金额是(　　)。

A. 50 750　　B. 50 000　　C. 50 500　　D. 50 250

3. 短期借款利息核算不会涉及的账户是(　　)。

A. 预提费用　　B. 应付利息　　C. 财务费用　　D. 银行存款

4. 2017 年 7 月 1 日,甲公司银行存款账户结存金额为 26 万元,7 月份增加 50 万元,减少 34 万元。2017 年 8 月 1 日,甲公司银行存款账户的结存金额应是(　　)万元。

A. 42　　B. −58　　C. 10　　D. 0

5. 按法定程序减少注册资本 25 000 元,用银行存款向所有者支付,应编制会计分录为(　　)。

A. 借:实收资本　　25 000
　　贷:银行存款　　25 000

B. 借:银行存款　　25 000
　　贷:实收资本　　25 000

C. 借:资本公积　　25 000
　　贷:银行存款　　25 000

D. 借:银行存款　　25 000
　　贷:资本公积　　25 000

6. 下列属于供应阶段业务核算运用的会计账户是(　　)。

A. 实收资本　　B. 在途物资

C. 生产成本　　D. 主营业务收入

7. 下列项目中不属于外购存货成本的是(　　)。

A. 运杂费　　B. 入库前的挑选整理费

C. 运输途中的合理损耗　　D. 入库后的保管费用

8. 某企业对发出的存货采用月末一次加权平均法计价,本月初乙材料的数量为 40 吨,单价为 3 100 元/吨,本月一次购入乙材料 60 吨,单价为 3 000 元/吨,则本月发出存货的单价为

(　　)元/吨。

A. 3 060　　B. 3 040　　C. 3 100　　D. 3 050

9. 某公司从供货单位购入原材料一批，价值为 10 000 元，合同约定货款于 2 个月后支付，原材料已经验收入库(不考虑增值税，采用实际成本法)，应编制会计分录为(　　)。

A. 借：材料采购　　10 000

　　贷：银行存款　　10 000

B. 借：原材料　　10 000

　　贷：应付账款　　10 000

C. 借：原材料　　10 000

　　贷：短期借款　　10 000

D. 借：原材料　　10 000

　　贷：银行存款　　10 000

10. 下列选项中属于实际成本法，但是不属于计划成本法中设置的科目是(　　)。

A. 在途物资　　B. 材料成本差异　　C. 原材料　　D. 应付账款

11. 公司支付银行存款 30 000 元购入不需安装的生产用设备一台(不考虑相关税费)，应编制的会计分录为(　　)。

A. 借：在建工程　　30 000

　　贷：银行存款　　30 000

B. 借：银行存款　　30 000

　　贷：原材料　　30 000

C. 借：固定资产　　30 000

　　贷：银行存款　　30 000

D. 借：银行存款　　30 000

　　贷：固定资产　　30 000

12. 某企业为增值税小规模纳税人，外购一批原材料，不含税价款为 3 000 元，增值税为 510 元，同时发生运杂费 50 元，合理损耗 20 元，入库前的挑选整理费 30 元，则原材料的入账价值为(　　)元。

A. 3 590　　B. 3 100　　C. 3 610　　D. 3 000

13. 某企业收到甲企业预付的货款 45 000 元，存入银行，应编制会计分录(　　)。

A. 借：银行存款　　45 000

　　贷：应收账款　　45 000

B. 借：银行存款　　45 000

　　贷：预收账款　　45 000

C. 借：库存现金　　45 000

　　贷：预付账款　　45 000

D. 借：银行存款　　45 000

　　贷：预付账款　　45 000

14. 下列属于生产阶段核算运用的会计账户是( )。

A. 实收资本　　B. 在途物资

C. 生产成本　　D. 主营业务收入

15. 结算本月应付职工薪酬,按用途归集如下:A 产品生产工人工资 5 000 元;B 产品生产工人工资 4 000 元。本月共发生制造费用金额 2 700 元,根据生产工人工资比例分配并结转本月制造费用,以下说法不正确的是( )。

A. A 产品分配制造费用 1 500 元　　B. B 产品分配制造费用 1 200 元

C. B 产品分配制造费用比例为 16%　　D. 应贷记制造费用 2 700 元

16. 能够计入产品成本的工资费用是( )。

A. 车间管理人员的工资　　B. 在建工程人员工资

C. 专设销售机构人员工资　　D. 企业管理部门人员工资

17. 某生产企业根据"发料凭证汇总表"的记录,2017 年 4 月,生产车间生产 A 产品领用甲材料 20 000 元,车间管理部门领用甲材料 5 000 元,企业行政管理部门领用甲材料 2 000 元。该企业的会计处理正确的是( )。

A. 借:生产成本——A 产品　　25 000
　　　管理费用　　2 000
　　贷:原材料　　27 000

B. 借:生产成本——A 产品　　20 000
　　　管理费用　　7 000
　　贷:原材料　　27 000

C. 借:生产成本——A 产品　　20 000
　　　制造费用　　5 000
　　　管理费用　　2 000
　　贷:原材料　　27 000

D. 借:生产成本——A 产品　　27 000
　　贷:原材料　　27 000

18. 下列各项不通过"制造费用"核算的是( )。

A. 生产用设备的日常修理费用　　B. 车间的折旧费

C. 车间的办公费　　D. 车间的机物料消耗

19. ( )是制造业企业经营的核心,在这一过程中,通过各种生产要素的归集,制造出各种产品,产品生产过程就是生产费用消耗过程。

A. 生产业务　　B. 销售业务　　C. 采购业务　　D. 资金筹集业务

20. 已售产品成本的结转,应从( )科目转入主营业务成本科目。

A. 制造费用　　B. 生产成本　　C. 在途物资　　D. 库存商品

21. 下列账户期末可能有余额的是( )

A. 财务费用　　B 生产成本

C. 管理费用　　D. 销售费用

22. 下列各项中,(　　)不应计入营业成本。

A. 商品销售成本　　B. 原材料销售成本

C. 出租包装物的成本　　D. 计提应收账款坏账准备

23. 下列各项中,不通过管理费用核算的是(　　)。

A. 筹建期间内发生的开办费　　B. 行政管理部门差旅费

C. 销售商品广告费　　D. 行政管理部门人员工资

24. 期末,制造费用账户转入(　　)账户。

A. 本年利润　　B. 管理费用

C. 生产成本　　D. 利润分配

25. 企业"应交税费"科目的借方余额反映的是(　　)。

A. 企业未交的税费　　B. 企业多交(或尚未抵扣)的税费

C. 企业已交的税费　　D. 企业少交的税费

26. 下列属于财务成果阶段核算运用的会计账户是(　　)。

A. 本年利润　　B. 在途物资

C. 生产成本　　D. 短期借款

27. 转销无法支付的应付账款,应该借记(　　)科目。

A. 应付账款　　B. 应收账款　　C. 营业外支出　　D. 营业外收入

28. 甲公司 2017 年年初利润分配——未分配利润科目的余额在借方,金额为 100 万元(亏损弥补已经超过五年),2017 年实现净利润 300 万元,提取盈余公积 30 万元,分配利润 90 万元,则 2017 年末未分配利润的数额为(　　) 万元。

A. 130　　B. 150　　C. 80　　D. 180

29. "利润分配"账户的年末贷方余额表示(　　)。

A. 累计尚未分配的利润　　B. 本期发生的净亏损

C. 本期实现的净利润　　D. 累计尚未弥补的亏损

30. 按照《公司法》的有关规定,公司应当按照当年净利润后的(　　)提取法定盈余公积。

A. 10%　　B. 15%　　C. 5%　　D. 7%

31. 与计算营业利润无关的因素是(　　)。

A. 所得税费用　　B. 销售费用　　C. 管理费用　　D. 财务费用

32. 某企业 2017 年 12 月份增加银行存款 80 000 元。其中:出售商品收入 30 000 元;增值税 5 100 元;出售固定资产收入 20 000 元;接受捐赠收入 10 000 元;出租固定资产收入 14 900 元。则该月收入为(　　)元。

A. 35 100　　B. 64 900　　C. 50 000　　D. 44 900

33. 利润分配账户的年末借方余额表示(　　)。

A. 本期实现的净利润　　B. 累计发生的净亏损

C. 计入营业外收入　　D. 冲减管理费用

34. "累计折旧"账户的贷方余额表示(　　)

A. 折旧的增加数　　B. 折旧的减少数

C. 折旧的累计数　　D. 折旧的转销数

35. 企业出租包装物收取的租金应当(　　)。

A. 计入主营业务收入　B. 计入其他业务收入

C. 计入营业外收入　D. 冲减管理费用

二、多项选择题(将正确答案的英文字母填在括号内)

1. 进行负债筹资通常设置的会计科目有(　　)。

A. 短期借款　B. 长期借款　C. 应付利息　D. 财务费用

2. "应交税费"账户属于负债类账户,用于核算企业按照税法等规定计算应交纳的各种税费,其中包括(　　)。

A. 增值税　B. 消费税　C. 城建税　D. 所得税

3. 进行采购业务,通常设置的会计科目有(　　)。

A. 原材料　B. 应付账款　C. 应付票据　D. 预付账款

4. 在实际成本法核算中可能涉及的会计科目有(　　)。

A. 原材料　B. 在途物资　C. 材料采购　D. 材料成本差异

5. 下列属于生产过程业务核算运用的会计账户有(　　)。

A. 生产成本　B. 制造费用

C. 管理费用　D. 应付职工薪酬

6. 下列项目中,构成材料采购成本的有(　　)。

A. 材料买价　B. 材料的运输费用

C. 材料入库的整理挑选费用　D. 材料的装卸费

7. 应计入产品成本的费用有(　　)。

A. 工会经费　B. 生产设备计提的折旧费用

C. 生产工人工资及福利费　D. 车间照明费

8. 下列各项中,属于企业应付职工薪酬核算的内容有(　　)。

A. 职工培训费　B. 职工工资　C. 职工福利　D. 辞退福利

9. 下列各项开支中,不通过"应付职工薪酬"反映的是(　　)。

A. 诉讼费　B. 职工生活困难补助

C. 职工食堂补助费　D. 业务招待费

10. 下列项目中属于产品成本项目的有(　　)。

A. 原材料费用　B. 生产工人工资及其他人工费用

C. 管理费用　D. 制造费用

11. 应计入产品成本的费用有(　　)。

A. 生产工人工资及其他人工费用　B. 车间管理人员工资及其他人工费用

C. 企业管理人员工资及其他人工费用　D. 离退休人员的退休金

12. 甲公司于2017年11月1日向乙公司销售一批产品,货款为80 000元,增值税税率为17%,已开出增值税专用发票,已办理托收手续,乙公司开出一张3个月不带息商业承兑汇票。2018年2月1日甲公司该票据到期,收回到期票款。下列选项中甲公司的会计处理正确的有(　　)。

A. 借:应收票据　　80 000
　　贷:主营业务收入　　80 000
B. 借:应收票据　　93 600
　　贷:主营业务收入　　80 000
　　　　应交税费——应交增值税(销项税额)　　13 600
C. 借:银行存款　　80 000
　　贷:应收票据　　80 000
D. 借:银行存款　　93 600
　　贷:应收票据　　93 600

13. 企业的债权通过以下(　　)科目核算。
A. 预收账款　B. 预付账款　C. 应付账款　D. 应收账款

14. 下列账户期末没有余额的有(　　)。
A. 原材料　B. 生产成本
C. 管理费用　D. 制造费用

15. 下列账户期末需要转入本年利润的是(　　)。
A. 销售费用　B. 生产成本
C. 管理费用　D. 制造费用

16. 下列属于财务成果核算运用的会计账户有(　　)。
A. 本年利润　B. 营业外收入
C. 利润分配　D. 所得税费用

17. 以下对“本年利润”科目的描述中,正确的有(　　)。
A. 年终,将“本年利润”科目余额转入“利润分配”科目
B. 企业当期实现的净利润应通过“本年利润”科目核算
C. 本年利润账户的贷方余额为当期实现的净利润
D. 本年利润账户的借方余额为当期实现的净亏损

18. 用银行存款交纳税金涉及的账户有(　　)。
A. 借记“管理费用”账户　B. 借记“税金及附加”账户
C. 借记“应交税费”账户　D. 贷记“银行存款”账户

19. 下列关于应付账款的说法,正确的有(　　)。
A. 应付账款核算购买商品接受劳务等应付未付的款项
B. 应付账款可以按照供应单位设置明细科目
C. 应付账款的余额一般在贷方
D. 应付账款的借方余额表示尚未偿还的款项

20. 下列各项中,会影响企业利润总额的有(　　)。
A. 营业利润　B. 投资收益　C. 营业外收入　D. 所得税费用

21. 财务费用账户的贷方登记(　　)。
A. 期末结转本年利润的本期各项筹资费用　B. 汇兑收益
C. 应冲减财务费用的利息收入　D. 发行股票溢价收入

三、判断题(对的画√,错的画×)

1.实收资本账户的期末余额在借方。(　　)

2.投资者投入固定资产成本,应当按照投资合同或协议约定的价值确定,但合同或协议约定价值不公允的除外。(　　)

3.企业从工业企业借入的期限在一年(含一年)以下各种借款也通过短期借款来核算。(　　)

4.企业收到投资者出资额超过其在注册资本中所占份额的部分,应当计入实收资本。(　　)

5.所有者权益筹资形成所有者的权益,通常称为债务资本。(　　)

6.短期借款和实收资本是对应账户。(　　)

7.应付票据是资产类的账户。(　　)

8.预付账款是负债类的账户。(　　)

9.制造费用账户期初有余额。(　　)

10.因解除与职工的劳动关系给予的补偿,不属于职工薪酬的范围。(　　)

11.营业利润减去管理费用、销售费用、财务费用和所得税费用后得到净利润。(　　)

12.企业应按规定计算确定的与经营活动相关的消费税、城市维护建设税、资源税和教育费附加等税费,借记"税金及附加"科目,贷记"应交税费"等科目。(　　)

13.制造费用和管理费用都应当在期末转入本年利润账户。(　　)

14.生产成本账户期初一般无余额。(　　)

15.预付账款不多的企业,可以不设置"预付账款"科目,而直接通过"应收账款"科目核算。(　　)

16.固定资产清理净收益,属于生产经营期间的,贷记"其他业务收入"账户。(　　)

17.销售费用是一个损益类的账户。(　　)

18.税金及附加和应收账款是对应账户。(　　)

19.企业行政管理部门领用材料,价值3 000元,材料费应确认为企业的管理费用。(　　)

20."应交税费"科目期末余额如在借方,反映企业多交或尚未抵扣的税费。(　　)

21.预收账款与应付账款虽然均属于负债项目,但与应付账款不同,它通常不需要以货币偿付。(　　)

22.所得税费用是企业的一项费用支出,而非利润分配。(　　)

23.年末转入利润分配账户贷方的数额是企业利润总额。(　　)

◆ 岗位技能实训

实训一　练习共同运费分配的核算

(一)资料

宏光公司向海华公司购入A材料2 000千克,每千克100元;B材料500千克,每千克200元,增值税率17%;价款合计为300 000元。增值税税款为51 000元,价税合计351 000元。两种材料的运杂费共计5 500元。款项已通过银行存款支付,但材料尚未运抵企业。

(二)要求

根据上述资料填制运费分配表,如表 4-1 所示,并编制正确的会计分录。

表 4-1 运费分配表

材料名称	材料的重量	分配率	分配金额
合计			

实训二 练习制造费用归集和分配的核算

(一)资料

宏光公司 12 月份发生的制造费用发生额及余额如表 4-2 所示:

表 4-2 制造费用总分类账

××年		凭证字号	摘要	借方	贷方	借或贷	余额
月	日						
12	30	1	车间耗用材料	4 000		借	4 000
		4	车间管理人员工资	15 000		借	19 000
		5	计提其他人工费用	6 150		借	25 150
		6	购办公用品	360		借	25 510
		7	付水电费	3 050		借	28 560
		10	计提折旧费	9 600		借	38 160

该企业生产甲、乙两种产品,本月甲产品工人工资为 70 000 元。乙产品工人工资 20 000 元。

(二)要求

根据上述资料填制制造费用分配表如表 4-3 所示,并编制会计分录。

表 4-3 制造费用分配表

产品名称	生产工人工资(元)	分配率	分配金额(元)
合计			

实训三 练习资金筹集业务的核算

(一)资料

宏光公司 1 月份发生如下业务。

1.1 月 1 日,本企业收到河南达辉公司投资款 600 000 元,出纳杨阳收到对方转账支票(正联),开具收款收据交给对方企业。出纳杨阳填写银行进账单,连同支票送交银行。

2.1 月 1 日,收到宏发公司投入的丙材料 2 000 千克,投资合同确认的不含税价值为

200 000 元，增值税专用发票列明的税额为 34 000 元。协议约定价值与公允价值相符。

3.1 月 1 日，企业向建设银行申请流动资金贷款 500 000 元存入银行（还款期为半年）。

4.1 月 1 日，接银行通知，企业从建行申请借款 5 000 000 元（还款期限为 3 年）已到账。

5.1 月 31 日，计提建设银行当月借款利息，年利率为 6%。

（二）要求

根据上述业务资料编制会计分录。

实训四 练习供应过程的核算

（一）资料

宏光公司 2 月份发生如下业务：

1.2 月 2 日，从宏彩公司采购甲材料一批，价款 150 000 元，增值税额 25 500 元，材料尚未收到，全部款项尚未支付。

2.2 月 2 日，从福材公司购买乙材料 50 000 千克，单价 50 元，增值税税率 17%，货款通过银行电汇，原材料验收入库。

3.2 月 3 日，因定购甲材料开出转账支票预付给梧凰公司 320 000 元，转账支票正联交给梧凰公司，收到对方开具的专用收款收据一张。

4.2 月 4 日，从民革公司采购甲材料 10 000 千克，单价 80 元，购买丙材料 2 000 千克，单价 100 元，增值税税率 17%，企业开出银行承兑汇票一张，票面金额 1 170 000 元，约定 5 月 8 日付款，原材料已经入库。

5.2 月 9 日，用电汇方式支付从宏彩公司采购甲材料的运费及增值税 3 330 元，其中运费 3 000 元，增值税税率 11%，增值税税额 330 元，原材料验收入库。

6.2 月 10 日，收到从梧凰公司预定的甲材料增值税专用发票，单价 80 元，数量 9 000 千克，金额 720 000 元，增值税 122 400 元，已预付定金，尚欠部分款项，约定次日付款，材料运达企业并验收入库。

7.2 月 11 日，开出转账支票，补付梧凰公司预付不足款 522 400 元。

8.2 月 12 日，以银行存款支付前欠河南海河工厂货款 412 000 元。

9.2 月 13 日，应付河南华章公司银行承兑汇票 581 000 元，到期支付。

10.2 月 14 日，采购甲、乙两种材料，取得的增值税专用发票上注明：甲材料 5 000 千克，每千克 80 元，计 400 000 元，增值税 68 000 元；乙材料 6 000 千克，每千克 50 元，计 300 000 元，增值税 51 000 元；甲、乙两种材料的保险费 3 300 元（其中：甲分担 1 500 元，乙分担 1 800 元），全部款项均以银行存款支付。

11.2 月 17 日，2 月 14 日采购甲、乙两种材料已运到并验收入库，结转其实际成本。

（二）要求

根据上述业务资料编制会计分录。

实训五 练习生产过程的核算

（一）资料

宏光公司 3、4 月份发生如下业务：

1.3 月 1 日，采购丁、戊两种材料，取得的增值税专用发票上注明：丁材料 5 000 千克，每千克 30 元，计 150 000 元，增值税 25 500 元；戊材料 8 000 千克，每千克 40 元，计 320 000 元，增值税 54 400 元；丁、戊两种材料的运杂费 3 900 元(其中：丁分担 1 500 元，戊分担 2 400 元)，全部款项均以银行存款支付。

2.3 月 6 日，3 月 1 日采购的丁、戊两种材料已运到并验收入库，结转其实际成本。

3.3 月 10 日，仓库发出材料，用于产品生产，资料如下：A 产品领用：丁材料 2 000 千克，计 60 000 元，戊材料 3 000 千克，计 120 000 元. B 产品领用：丁材料 500 千克，计 15 000 元，戊材料 1 000 千克，计 40 000 元，车间一般耗用：丁材料 200 千克，计 6 000 元，厂部一般耗用：戊材料 100 千克，计 4 000 元。

4.4 月 30 日，计提本月固定资产折旧 16 300 元，其中生产车间负担 11 300 元，企业管理部门负担 5 000 元。

5.4 月 30 日，分配本月职工工资 311 000 元，其中：A 产品生产工人工资为 159 000 元，B 产品生产工人工资为 79 000 元，车间管理人员工资 10 000 元，行政管理人员工资 44 000 元，销售人员工资 19 000 元。

6.4 月 30 日，计提本月职工食堂的伙食费 62 200 元，其中：A 产品生产工人伙食费为 31 800 元，B 产品生产工人伙食费为 15 800 元，车间管理人员伙食费 2 000 元，行政管理人员伙食费 8 800 元，销售人员伙食费 3 800 元。

7.4 月 30 日，根据发料单编制材料发出汇总表，如表 4-4 所示。

表 4-4　发出材料汇总表

用途	甲材料		乙材料		丙材料		合计金额（元）
	数量（千克）	金额（元）	数量（千克）	金额（元）	数量（千克）	金额（元）	
一、产品生产耗用							
A 产品	2 000	160 000	200	10 000	100	10 000	180 000
B 产品	2 350	268 000	100	5 000			273 000
二、车间管理部门耗用			100	5 000	10	1 000	6 000
三、行政管理部门耗用			20	1 000			1 000
合计	4 350	428 000	420	21 000	110	11 000	460 000

8.4 月 30 日，开出转账支票，支付职工伙食费 62 200 元。

9.4 月 30 日，企业开出转账支票一张，支付生产车间设备修理费 3 810 元。

10.4 月 30 日，企业以银行存款支付下一年度报刊费 21 600 元。

11.4 月 30 日，开出转账支票支付本月电费 11 880 元，增值税 2 019.60 元。根据电表数据生产车间和管理部门所耗电费分别为 8 880 元和 3 000 元。

12.4 月 30 日，通过银行支付办理汇款的手续费 180 元。

13.4 月 30 日，月末分配结转本月制造费用，制造费用借方发生额 75 000 元；按生产工时进行分配，A 产品生产工时为 3 000 小时，B 产品生产工时为 2 000 小时。

14.4 月 30 日，结转本月完工产品成本，本期生产两种产品，期初无在产品，本期 A 产品产量为 360 台,B 产品产量为 180 台,全部完工,验收入库。A 产品的生产成本为 666 000 元,B 产品的生产成本为 282 600 元。

(二)要求

根据上述业务资料编制会计分录。

实训六　练习销售过程的核算

(一)资料

宏光公司 12 月份发生如下业务:

1. 12 月 1 日,向欣欣公司出售 A 产品 100 台,每件不含增值税的售价 2 800 元,计货款 280 000 元,增值税为 47 600 元,产品已发出,货款尚未收到。

2. 12 月 2 日,企业向河南众旺公司销售 A 产品 50 台,单价 3 000 元,B 产品 10 台,单价 2 000 元,增值税税率为 17%,款已收。

3. 12 月 3 日,开出转账支票,支付销售 A 产品的运杂费 5 550 元,取得增值税专用发票,增值税税率为 11%。

4. 12 月 3 日,根据销货合同预收海通公司购货款 10 000 元,已存入银行。

5. 12 月 4 日,向海通公司发出 B 产品 100 台,每台不含增值税售价为 2 100 元。发票上注明的售价为 210 000 元,增值税为 35 700 元。

6. 12 月 6 日,企业向河南兴茂公司销售 20 台 B 产品,单价 2 000 元,增值税税率 17%,款未收。

7. 12 月 8 日,向海通公司收取余款计 235 700 元,已存入银行。

8. 12 月 10 日,企业向恒远公司销售 A 产品 30 台,单价 3 000 元,销售 B 产品 50 台,单价 2 100 元,增值税税率 17%,收到对方签发并承兑的银行承兑汇票一张,约定次年 3 月 22 日收款,票面金额为 228 150 元。

9. 12 月 12 日,企业收到银行转来的“托收凭证”(收账通知),向河南罕壮公司支付前欠货款 46 800 元。

10. 12 月 15 日,企业应收达信公司银行承兑汇票到期,办理收款手续,收到款项 234 000 元。

11. 12 月 20 日,开出 53 000 元转账支票一张,支付电视台广告费 50 000 元和增值税 3 000 元(现代服务业增值税税率为 6%)

12. 12 月 22 日,企业向红洋公司销售 B 产品 50 台,每件不含增值税售价为 2 000 元。发票上注明的货款为 100 000 元,增值税为 17 000 元,该公司代垫运费 3 330 元(收到对方转来的增值税专用发票),企业收到红洋公司开出并承兑的商业承兑汇票一张,金额为 113 670 元。

13. 12 月 26 日,企业出售一批不用的原材料 20 000 元,增值税税率为 17%,款项尚未收到。

14. 12 月 26 日,企业结转上述已售原材料的成本 11 500 元。

15. 12 月 28 日,以银行存款支付产品销售的保险费 16 000 元。

16. 12 月 31 日,结转本月销售的 A 产品和 B 产品的销售成本。A 产品的单位成本为 1 850 元,B 产品的单位成本为 1 570 元。

17. 12 月 31 日,计算应交纳的城市维护建设税 1 050 元,应交纳的教育费附加为 600 元。

18. 12 月 31 日,由于 A 产品为应纳消费税的产品,其适用的消费税税率为 10%,计算上述已销 A 产品应交纳的消费税。

(二)要求

根据上述业务资料编制会计分录。

实训七 练习财务成果形成过程的核算

(一)资料

恒辉公司12月份发生如下业务：

1.12月7日，采购员刘丽出差，预借差旅费5 000元，开出现金支票一张。

2.12月8日，交纳上月增值税95 000元、企业所得税16 950元。

3.12月8日，交纳上月城建税6 650元、教育费附加2 850元和地方教育附加1 900元，代替职工交纳上月个人所得税1 200元。

4.12月14日，采购员刘丽报销差旅费，原借款5 000元，报销4 850元，余额退回现金150元。

5.12月25日，根据职工薪酬分配表实付职工薪酬309 800元(代扣个人所得税1 200元)，签发现金支票一张，从银行提取现金，以备发工资。

6.12月25日，根据“工资发放表”，以现金发放工资309 800元，并代扣个人所得税。

7.12月28日，计提应由本月负担的短期借款利息3 750元。

8.12月29日，开出转账支票一张，捐赠希望工程330 000元。

9.12月29日，归还工行短期借款及利息607 500元，其中，短期借款本金600 000元，利息7 500元，利息已经全部计提。

10.12月29日，因排放超标被环保局罚款款60 000元，开出转账支票。

11.12月31日，结转本月损益类账户；即将本月实现的主营业务收入、其他业务收入、营业外收入和投资收益转入“本年利润”账户的贷方；将主营业务成本、税金及附加、其他业务成本和营业外支出、管理费用、财务费用、销售费用转入“本年利润”账户借方。有关损益类账户本月发生额如表4-5所示。

表4-5 损益类账户本月发生额

账户名称	借方发生额	贷方发生额
主营业务收入		2 840 000
其他业务收入		20 000
营业外收入		300
投资收益		52 000
主营业务成本	1 117 130	
税金及附加	12 150	
其他业务成本	11 000	
销售费用	43 00	
管理费用	96 000	
财务费用	6 480	
营业外支出	390 000	

12.12 月 31 日，按本月实现利润的 25%计算本月应交所得税。

13.12 月 31 日，月末将“所得税费用”转入“本年利润”账户。

14.12 月 31 日，将全年实现的净利润结转到利润分配——未分配利润账户。本年利润明细账账户 11 月末贷方余额 1 499 000 元。

15.12 月 31 日，按税后利润的 10%计算提取法定盈余公积金，按照净利润的 5%计算提取任意盈余公积。

16.12 月 31 日，根据董事会决议，按全年净利润扣除提取的法定盈余公积和任意盈余公积以后的 40%，向投资者分配利润。

17.12 月 31 日，按“利润分配”明细账中其他账户余额结转到“未分配利润”明细账。

(二)要求

根据上述业务资料编制会计分录。

实训八　练习掌握工业企业综合经济业务的核算

(一)资料

兴达公司 2017 年 12 月发生以下经济业务：

1.5 日，购入材料一批价值 200 000 元，增值税 34 000 元，以银行存款支付。

2.7 日，领用材料 48 000 元，用于产品生产。

3.9 日，收回购货单位前欠货款 260 000 元，存入银行。

4.10 日，销售商品一批，价款 920 000 元，增值税 156 400 元，款项存入银行。

5.14 日，以银行存款支付前欠供应单位款项 60 000 元。

6.17 日，开出转账支票一张，支付办公用品 2 340 元。

7.19 日，开出转账支票一张，支付展览费，增值税专用发票上注明价款 30 000 元，增值税税额 1 800 元。

8.21 日，从银行提取现金 340 000 元，准备发放工资。

9.25 日，销售产品一批，价款 420 000 元，增值税 71 400 元，收到款项 300 000 元，余款对方暂欠。

10.27 日，以银行存款支付本月电费 3 510 元，其中车间耗用 2 600 元，管理部门耗用 400 元。

11.30 日，以现金支付销售产品保险费 5 000 元。

12.31 日，计算分配职工工资，生产工人 280 000 元，管理部门人员 40 000 元，销售人员工资 60 000 元；同时分配本月职工伙食补贴费，其中生产工人的伙食补贴 39 200 元，管理部门人员的伙食补贴 5 600 元，销售人员的伙食补贴 8 400 元。

13.31 日计提本月固定资产应计折旧 10 600 元，其中车间固定资产应计折旧 9 000 元，管理部门固定资产应计折旧 1 600 元。

14.31 日，预提本月短期借款利息 1 540 元。

15. 31 日，结转本月制造费用。

16.31 日，结转完工产品制造成本。

17.31 日，计算结转本月销售产品成本 245 000 元。

18.31 日，计算本月应交消费税金 42 000 元。

19.31 日，结转本月损益类账户。

20.31 日，按利润总额 25%计算应交所得税，并转入本年利润。

21.31 日，将全年实现的净利润结转到利润分配——未分配利润账户。

22.31 日，按税后利润的 10%计算提取法定盈余公积金，按照净利润的 5%计算提取任意盈余公积。

23.31 日，按全年净利润扣除提取的法定盈余公积和任意盈余公积以后的 40%，向投资者分配利润。

24.31 日，按“利润分配”明细账中其他账户余额结转到“未分配利润”明细账。

(二)要求

根据上述经济业务正确编制会计分录。

项目五　填制和审核会计凭证

◆ 理论知识训练

一、单项选择题(将正确答案的英文字母填在括号内)

1. 下列有关会计凭证的表述中不正确的是(　　)。
   A. 会计凭证是记录经济业务发生或者完成情况的书面证明
   B. 会计凭证可以明确经济责任
   C. 会计凭证是编制报表的依据
   D. 会计凭证是登记账簿的依据
2. 原始凭证有错误的,正确的处理方法是(　　)。
   A. 向单位负责人报告　　B. 退回,不予接受
   C. 由出具单位重开或更正　　D. 本单位代为更正
3. 材料领用单是(　　)。
   A. 一次凭证　　B. 二次凭证
   C. 累计凭证　　D. 汇总原始凭证
4. 下列凭证不属于原始凭证的是(　　)。
   A. 收料单　　B. 领料单
   C. 购货发票　　D. 购销合同
5. 填制原始凭证时,以下数字书写符号要求的是(　　)。
   A. 壹仟壹拾捌元　　B. 壹仟贰佰捌拾捌元捌角捌分整
   C. 壹仟捌元整　　D. 壹仟零贰拾捌元整
6. 下列业务中应该编制收款凭证的是(　　)。
   A. 购买原材料用银行存款支付　　B. 收到销售商品的款项
   C. 购买固定资产,款项尚未支付　　D. 销售商品,收到商业汇票一张
7. 下列说法中,错误的是(　　)。
   A. 出差乘坐的车票属于原始凭证　　B. 采购材料的发货票属于原始凭证
   C. 领料单属于原始凭证　　D. 银行存款收款凭证属于原始凭证
8. 会计凭证在会计年终了后,可由会计部门保存(　　)。
   A. 三个月　　B. 六个月
   C. 一年　　D. 三年
9. 可以不附原始凭证的记账凭证是(　　)。
   A. 更正错误的记账凭证　　B. 从银行提取现金的记账凭证
   C. 以现金发放工资的记账凭证　　D. 职工临时性借款的记账凭证

10. 其他单位如果因特殊原因需要使用原始凭证时，经本单位会计机构负责人批准，下列行为中正确的是（　　）。

A. 只可以查阅不能复制　　B. 可以外借

C. 可以复制　　D. 不可查阅或复制

11. 下列关于原始凭证，说法不正确的是（　　）。

A. 从个人取得的原始凭证，必须有填制人员的签名或盖章

B. 原始凭证不得涂改、刮擦、挖补

C. 上级批准的经济合同，应作为原始凭证

D. 对外开出的原始凭证，必须加盖本单位公章

12. 记账凭证可以根据审核无误的（　　）编制。

A. 收款凭证　　B. 付款凭证　　C. 转账凭证　　D. 原始凭证

13. 会计机构、会计人员对于不真实、不合法的原始凭证，应当（　　）。

A. 予以受理　　B. 不予接受，并向单位负责人报告

C. 予以反映　　D. 予以退回，要求更正、补充

14. 某公司出纳小郑到开户银行提取现金 5 000 元，应根据有关原始凭证编制（　　）。

A. 库存现金收款凭证　　B. 库存现金付款凭证

C. 银行存款付款凭证　　D. 银行存款收款凭证

15. 关于会计凭证的表述正确的是（　　）。

A. 记账凭证是记录经济业务发生或完成情况的书面证明，也是登记账簿的依据

B. 自制原始凭证是从本单位取得的，由本单位会计人员填制的

C. 复式记账凭证是将每一笔经济业务事项所涉及的全部会计科目及其发生额均在同一张记账凭证中反映的一种凭证

D. 企业与外单位发生的任何经济业务中，取得的各种书面证明都是原始凭证

16. 下列各项中，（　　）不能作为会计核算的原始凭证。

A. 发货票　　B. 合同书　　C. 入库单　　D. 领料单

17. 原始凭证金额有错误的，应当（　　）。

A. 由出具单位重开

B. 自行更正

C. 可以用涂改液涂改后重新更正

D. 由出具单位更正并在更正处加盖出具单位的公章

18. 关于原始凭证和记账凭证，以下说法正确的是（　　）。

A. 记账凭证是记录和证明经济业务发生或完成情况的文字凭据

B. 原始凭证不可以作为登记账簿的依据

C. 审核无误的原始凭证是编制记账凭证的依据

D. 记账凭证是编制原始凭证的依据

19. 填制记账凭证时，错误的做法是（　　）。

A. 根据每一张原始凭证填制

B. 根据若干张同类原始凭证汇总填制

C. 将若干张不同内容和类别的原始凭证汇总填制在一张记账凭证上

D. 根据原始凭证汇总表编制

20. 从银行提取现金 3 000 元应填制(　　)。

A. 付款凭证　　B. 收款凭证　　C. 转账凭证　　D. 累计凭证

二、多项选择题(将正确答案的英文字母填在括号内)

1. 下面属于一次凭证的有(　　)。

A. 收料单　　B. 领料单　　C. 限额领料单　　D. 发料凭证汇总表

2. 会计凭证根据填制程序和用途不同可分为(　　)。

A. 原始凭证　　B. 记账凭证

C. 汇总记账凭证　　D. 汇总原始凭证

3. 下列各项中,(　　)不能作为原始凭证。

A. 购货合同　　B. 车间派工单

C. 材料请购单　　D. 工资结算汇总表

4. 原始凭证按其取得的来源不同分为(　　)。

A. 一次凭证　　B. 外来原始凭证

C. 自制原始凭证　　D. 汇总原始凭证

5. 下列关于会计凭证的表述正确的有(　　)。

A. 原始凭证按填制手续和内容不同,分为通用凭证和专用凭证

B. 原始凭证按填制格式不同,分为一次凭证、累计凭证和汇总凭证

C. 记账凭证按填列方式可分为单式记账凭证和复式记账凭证

D. 记账凭证按其所反映的经济业务内容不同分为收款凭证、付款凭证和转账凭证

6. 下列原始凭证中,属于自制原始凭证的是(　　)。

A. 购货发票　　B. 入库单

C. 领料单　　D. 材料费用分配表

7. 下列关于收料单的说法中,正确的有(　　)。

A. 收料单是企业购进材料验收入库时,由仓库保管人员根据购入材料的实际验收情况,填制的一次性原始凭证

B. 企业外购材料,都应履行入库手续,由仓库保管人员根据供应单位开来的发票账单,严格审核,对运达入库的材料认真计量,并按实收数量认真填制“收料单”

C. 收料单一般一式两联

D. 收料单的一联要留仓库,据以登记材料物资明细账和材料卡片

8. 在原始凭证上书写阿拉伯数字,正确的是(　　)。

A. 金额数字一律填写到角、分

B. 无角分的,角位和分位可写“00”或者符号“－”

C. 有角无分的分位应当写“0”

D. 有角无分的,分位也可以用符号“－”代替

9. 原始凭证的审核内容包括(　　)。

A. 有关数量、单价、金额是否正确无误 B. 是否符合有关的计划和预算

C. 记录的经济业务的发生时间　　　　D. 有无违反财经制度的行为

10. 下列选项中，属于原始凭证必须具备而记账凭证不具备的有(　　)。

A. 填制原始凭证单位名称或者填制人姓名　B. 所附原始凭证张数

C. 接受凭证单位名称　　　　　　　　　D. 数量、单价和金额

11. 原始凭证的基本内容中包括(　　)。

A. 原始凭证名称　　　　　　　　　B. 接受原始凭证的单位名称

C. 经济业务的性质　　　　　　　　D. 经济业务内容

12. 下列说法正确的是(　　)。

A. 记账凭证上的日期指的是编制凭证的日期

B. 对于涉及"库存现金"和"银行存款"之间的经济业务，一般只编制收款凭证

C. 对于涉及"库存现金"和"银行存款"之间的经济业务，一般只编制付款凭证

D. 记账凭证后必须附原始凭证。

13. 以下哪些是记账凭证应具有的共同的基本内容(　　)。

A. 填制凭证的日期和凭证的编号

B. 会计科目的名称、记账方向和金额

C. 所附原始凭证的张数

D. 制证、复核、会计主管等有关人员的签章

14. 关于原始凭证的审核，下列表述正确的有(　　)。

A. 外来原始凭证必须有填制单位公章和填制人员的签章

B. 自制原始凭证必须有经办部门和经办人员的签名或者盖章

C. 审核原始凭证所记录的经济业务是否符合企业生产经营活动的需要，是否符合有关计划、预算和合同等规定

D. 对于不真实、不合法的原始凭证，会计机构和会计人员有权不予接受，并向单位负责人报告

15. 下列属于记账凭证审核内容的有(　　)。

A. 业务是否合法

B. 记账凭证的金额与所附原始凭证的金额是否一致

C. 业务是否符合有关计划、预算和合同等规定

D. 会计科目、借贷方向使用是否正确

16. 李某出差回来，报销差旅费 800 元，原预借 1 000 元，剩余 200 元交回现金。对于此业务需编制记账凭证(　　)。

A. 现金收款凭证　　　　　　　　　B. 现金付款凭证

C. 转账凭证　　　　　　　　　　　D. 差旅费报销单

17. 在制定会计凭证传递程序和方法时，应当注意考虑(　　)。

A. 科学合理的传递程序　　　　　　B. 会计凭证在每个传递环节上停留的时间

C. 会计凭证交接的签收制度　　　　D. 会计凭证的整理、归类和装订成册

18. 其他单位因特殊原因需要使用本单位的原始凭证，正确的做法是(　　)。

A. 可以外借

B. 将外借的会计凭证拆封抽出

C. 不得外借，经本单位会计机构负责人、会计主管人员批准，可以复制

D. 将向外单位提供的凭证复印件在专设的登记簿上登记

19. 在借贷记账法下，付款凭证的贷方科目可以为（　　）。

A. 应付账款　　B. 银行存款　　C. 库存现金　　D. 预付账款

20. 记账凭证的填制必须做到记录真实、内容完整、填制及时、书写清楚外，还必须符合（　　）要求。

A. 如有空行，应当自金额栏最后一笔金额数字下的空行处至合计数上的空行处划线注销

B. 发生错误应该按规定的方法更正

C. 必须连续编号

D. 除结账和更正错误的记账凭证可以不附原始凭证外，其他的记账凭证必须附有原始凭证

21. 对于会计凭证的传递，单位在规定会计凭证联次以及流程时应该依据（　　）。

A. 业务特点　　B. 机构设置

C. 人员分工　　D. 管理要求

三、判断题（对的画√，错的画×）

1. 原始凭证和记账凭证都由本单位会计人员填制。（　　）

2. 原始凭证是会计核算的原始资料和重要依据，是登记会计账簿的直接依据。（　　）

3. 对于真实、合法、合理但内容不够完善、填写有错误的原始凭证，会计机构和会计人员不予以接受。（　　）

4. 原始凭证开具单位应当依法开具准确无误的原始凭证，对于填制有误的原始凭证，负有更正的义务，但是不能重开。（　　）

5. 所有的记账凭证都必须附有原始凭证，否则，不能作为记账的依据。（　　）

6. 原始凭证金额有错误的，应当由出具单位重开或更正。（　　）

7. 专用记账凭证按其所反映的经济业务内容不同分为收款凭证、付款凭证。（　　）

8. 在签发支票时，5 200.05 元的汉字大写金额应写成“伍仟贰佰元伍分”。（　　）

9. 原始凭证的要素至少包括原始凭证名称、填制原始凭证的日期、经济业务内容、所附原始凭证的张数等。（　　）

10. 会计凭证按其取得的来源不同，可以分为原始凭证和记账凭证。（　　）

11. 一笔经济业务需要填制两张以上记账凭证的，可以采用分数编号法编号。（　　）

12. 记账凭证是会计人员根据审核后的原始凭证，加以归类整理，确定会计分录，并据以编制会计报表的会计凭证。（　　）

13. 记账凭证按其所记录的经济业务是否与货币资金有关，又分为收款凭证、付款凭证、转账凭证三种。（　　）

14. 会计凭证的传递时间是指各种凭证在各经办部门、环节停留的最短时间。（　　）

15. 记账凭证填制完经济业务事项后，如有空行，应当在空行处划线注销。（　　）

16. 除结账和更正错账的记账凭证可以不附原始凭证外，其他记账凭证必须附有原始凭证。（　　）

17. 会计凭证的传递是指从会计凭证的取得或归档保管过程中，在会计部门传递。（　　）

18. 原始凭证中小写金额用阿拉伯数字逐个填写，金额数字一律填写到角、分，无角无分

的,要写符号"—"代替。( )

◆ 岗位技能实训

实训一 原始凭证的填制与审核

(一)资料

汉旺公司位于林吉市场花园路38号,电话0371—62127829,开户银行:中国工商银行花园支行,账号:29141600412000l010,纳税人识别号是914160041234567890。以下是2017年9月份发生的部分经济业务及有关空白原始凭证。

1.6日,办公室主任王朝申领现金支票1张购买办公用品,金额1 755元。填制现金支票,如表5-1所示。

表5-1 现金支票

中国工商银行 现金支票存根 GX00369695	中国工商银行现金支票
	出票日期(大写) 年 月 日 付款行名称:
	收款人: 出票人账号:
	本支票付款期限十天
	人民币(大写) | 亿 | 千 | 百 | 十 | 万 | 千 | 百 | 十 | 元 | 角 | 分
出票日期 年 月 日	用 途:
收款人:	上列款项请从
金 额:	我账户内支付
用 途:	出票人签章 复核 记账
单位主管 会计	

2.11日职工杨立出差,预借差旅费4 000元。填制借款单,如表5-2所示。

表5-2 借款单

年 月 日

借款单位		借款人	
借款原因			
借支金额	人民币(大写) ¥		
付款方式	现金 支票 电汇 其他		
单位负责人意见:		借款人签字:	
财务主管核批:			

3.16日,销售丁产品100台,单价2 000元(含税),税率17%,款项未收到。购货单位信息(明辉公司,运城市花园路28号,电话0377—87127829,开户银行:中国工商银行花园路支行,账号:629141600419001010,纳税人识别号是914160041019891456。)填制增值税专用发票及产品出库单。如表5-3、表5-4所示。

表 5-3 增值税专用发票

增值税专用发票 NO12346456

教学模拟

发票联

开票日期:

国税函〔2012〕314号厦门安妮股份有限公司

购货单位	名 称: 纳税人识别号: 地址、电话: 开户行及账号:			密码区	5<-/566<273>21/0990// >/59220556+4/75>+980/ -7->-0008+8//525889<0 *1>-28*036+55-170>>0+	加密版本: 01	
货物或应税劳务名称	规格型号	单位	数量	单价	金额	税率	税额
合 计					¥		¥
价税合计(大写)					(小写) ¥		
销货单位	名 称: 纳税人识别号: 地址、电话: 开户行及账号:			备注			

收款人: 复核: 开票人: 销货单位: 章

第三联:发票联 购货方记账凭证

表 5-4 产品出库单

购货单位:明辉公司 日期:2017 年 9 月 16 日 编号:010104

用途	产品名称规格	单位	数量	单位成本	总成本	备注
销售	丁产品	台	100	¥900.00	¥90000.00	
合计			100	¥900.00	¥90000.00	

第二联 财务留存

主管:张三 会计:李四 保管人员:赵五 经手人:刘六

4.15 日,收到门市部销售业务员杨阳辉销售货款 221 000 元整。填制收款收据,如表 5-5 所示。

表 5-5 收款收据的填制

收 款 收 据 № 20070609001

年 月 日

只限内部使用,对外无效

今收到 ____________________

人民币 佰 拾 万 仟 佰 拾 元 角 分 ¥ ________

摘 由 ____________________

此 据

单位盖章: 经收人盖章:

第三联:收据

会计: 出纳: 经手人:

(二)要求

根据以上经济业务,填制空白原始凭证,同桌之间对所填制的原始凭证相互进行审核。

实训二 记账凭证的填制与审核

(一)资料

1.实训一对应业务 1 至 4 的原始凭证。

2.有关的记账凭证:

(1)领取转账支票是本月付字第 5 号凭证。填制记账凭证,如表 5-6 所示。

表 5-6 付款凭证的填制

付款凭证

贷方科目： 年 月 日 字第 号

摘要	借方科目		金额											记账√
	总账科目	明细科目	亿	千	百	十	万	千	百	十	元	角	分	
合 计														

附单据 张

会计主管： 记账： 出纳： 复核： 制单：

(2)预借差旅费是本月付字第 30 号凭证。填制记账凭证,如表 5-7 所示。

表 5-7 付款凭证的填制

付款凭证

贷方科目： 年 月 日 字第 号

摘要	借方科目		金额											记账√
	总账科目	明细科目	亿	千	百	十	万	千	百	十	元	角	分	
合 计														

附单据 张

会计主管： 记账： 出纳： 复核： 制单：

(3)销售丁产品是本月转字第 56 号凭证。饮水机单位成本 900 元,附件产品出库单。填制转账凭证,如表 5-8 所示。

表 5-8　转账凭证的填制

转 账 凭 证

年　月　日　　　　　　　　　　字第　号

摘要	科目		借方金额											贷方金额											
	总账科目	明细科目	亿	千	百	十	万	千	百	十	元	角	分	亿	千	百	十	万	千	百	十	元	角	分	
合　计																									

附单据　张

会计主管：　　记账：　　复核：　　制单：

(4)收到门市部销售业务员杨阳辉销售货款是本月收字第 6 号凭证。填制记账凭证,如表 5-9 所示。

表 5-9　收款凭证的填制

收 款 凭 证

借方科目：　　　　年　月　日　　　　　　字第　号

摘要	贷方科目		贷方金额											记账 √
	总账科目	明细科目	亿	千	百	十	万	千	百	十	元	角	分	
合　计														

附单据　张

会计主管：　　记账：　　出纳：　　复核：　　制单：

(二)要求

根据实训一的资料,填制相应的记账凭证,同桌之间对所填制的记账凭证相互进行审核。

项目六　登记会计账簿

◆ 理论知识训练

一、单项选择题(将正确答案的英文字母填在括号内)

1. 现金日记账和银行存款日记账由(　　)登记。

A. 财务负责人　　B. 经办人员　　C. 总账会计　　D. 出纳人员

2. 生产成本明细账的格式一般采用(　　)。

A. 三栏式　　B. 多栏式

C. 数量金额式　　D. 横线登记式

3. 下列既可以作为登记总账依据,又可以作为登记明细账依据的是(　　)。

A. 记账凭证　　B. 汇总记账凭证　　C. 原始凭证　　D. 科目汇总表

4. 下列情况不可以用红色墨水记账的是(　　)。

A. 冲销错误记录

B. 在不设借贷等栏的多栏式账页中,登记减少数

C. 在三栏式账户的余额栏前,印明余额方向的,在余额栏内登记负数余额

D. 在三栏式账户的余额栏前,未印明余额方向的,在余额栏内登记负数余额

5. 三栏式现金日记账为了清晰地反映与现金业务相关的账户对应关系,应在“摘要”栏后设(　　)栏。

A. 记账凭证的日期　　B. 记账凭证的编号

C. 对方科目　　D. 收入、支出和余额

6. 下列总分类账与明细分类账关系的表述中,不正确的是(　　)。

A. 总分类账与明细分类账所反映的经济业务是相同的

B. 总分类账与明细分类账所反映的经济业务的详细程度是相同的

C. 登记总分类账与登记明细分类账的原始依据是相同的

D. 总分类账对所属明细分类账起着统驭控制作用,明细分类账对有关总分类账起着补充说明作用

7. 关于现金日记账格式的表述,错误的是(　　)。

A. 现金日记账的格式有三栏式和多栏式两种

B. 多栏式现金日记账,都可以使用活页账

C. 三栏式现金日记账的账页格式一般采用“收入”“支出”和“结余”三栏式

D. 多栏式现金日记账是在三栏式现金日记账的基础上发展起来的

8. 下列各项中，(　　)适用借方贷方多栏式明细账的账页格式。

A. 制造费用　　B. 管理费用　　C. 预收账款　　D. 本年利润

9. 固定资产明细账一般采用(　　)。

A. 活页式　　B. 订本式　　C. 多栏式　　D. 卡片式

10. 下列关于会计账簿的说法，不正确的是(　　)。

A. 备查账簿是指对某些在序时账簿和分类账簿中未能记载或记载不全的经济业务进行补充登记的账簿

B. 数量金额式账簿的借方、贷方和余额三个栏目内，都分设数量、单价和金额三小栏

C. 账簿按用途不同，分为序时账簿、分类账簿和备查账簿

D. 账簿按外形特征不同，分为两栏式账簿、三栏式账簿、多栏式账簿、数量金额式账簿和横线登记式账簿

11. (　　)是指在账簿的借方和贷方按需要分设若干专栏的账簿。

A. 两栏式账簿　　B. 三栏式账簿

C. 多栏式账簿　　D. 数量金额式账簿

12. 下列选项中，(　　)作为记录经济业务事项的载体。

A. 封面　　B. 扉页　　C. 账页　　D. 账簿名称

13. 财务报表中各个项目的数字，其直接来源是(　　)。

A. 原始凭证　　B. 记账凭证　　C. 日记账　　D. 账簿记录

14. 对于临时租用的机器设备应登记(　　)。

A. 日记账　　B. 总分类账

C. 明细分类账　　D. 备查账

15. 具有避免账页散失，防止账页被抽换，比较严密安全的账簿是(　　)。

A. 订本式账簿　　B. 活页式账簿

C. 卡片式账簿　　D. 序时账簿

16. “应收账款”明细账页格式宜采用(　　)。

A. 多栏式　　B. 数量金额式

C. 三栏式　　D. 横线登记式

17. “库存商品”明细账页格式宜采用(　　)。

A. 多栏式　　B. 数量金额式

C. 三栏式　　D. 横线登记式

18. 下列账簿中，可以采用卡片式账簿的是(　　)。

A. 现金日记账　　B. 固定资产总账

C. 固定资产明细账　　D. 原材料总账

19. 下列关于会计账簿更换与保管不正确的做法是(　　)。

A. 会计账簿的更换通常在新会计年度建账时进行

B. 为明确会计人员责任，登记某种账簿的人员，不必对该账簿的保管负责，应由保管会计档案的人员负责

C. 每日登记账簿，注意书写整齐清洁，不得涂污，避免账页破损，保持账本完整

D. 按有关规定使用账簿，账簿不得外借

20. 下列关于划线更正法的表述中，错误的是（ ）。

A. 在结账前发现账簿记录有文字或数字错误，而记账凭证没有错误，可以采用划线更正法

B. 划线更正法又称红线更正法

C. 对于错误的数字，可更正其中的错误数字

D. 对于文字错误，可只划去错误的部分

21. 某会计人员在审核记账凭证时，发现误将 8 000 元写成 800 元，尚未入账，一般应采用（ ）改正。

A. 重新编制记账凭证　　B. 红字更正法

C. 补充登记法　　D. 冲账法

22. 记账后，发现记账凭证中应借、应贷会计科目有错误，应采用的更正方法是（ ）。

A. 划线更正法　　B. 红字更正法

C. 补充登记法　　D. 重新填制一张新的记账凭证

23. 账账核对不包括（ ）。

A. 总分类账簿之间的核对

B. 总分类账簿与所属明细分类账簿之间的核对

C. 总分类账簿与备查账簿之间的核对

D. 总分类账簿与序时账簿之间的核对

24. 下列关于对账的表述，不正确的是（ ）。

A. 对账工作一般在月末进行，即在记账之后结账之前进行

B. 对账的内容包括账证核对、账账核对、账实核对、证表核对

C. 账证核对是指账簿记录与原始凭证、记账凭证的核对

D. 账实核对是指各项财产物资、债权债务等账面余额与实有数额之间的核对

25. 年终可以不更换的账簿是（ ）。

A. 现金日记账　　B. 固定资产总账

C. 明细分类账　　D. 固定资产卡片账

26. 记账后，发现记账凭证中应借、应贷会计科目正确，但所记金额小于应记金额，更正错账可采用（ ）。

A. 划线更正法　　B. 红字更正法

C. 补充登记法　　D. 重新填制一张新的记账凭证

27. 以下项目中，属于科目汇总表账务处理程序缺点的是（ ）。

A. 不便于理解　　B. 增加了登记总分类账的工作量

C. 不便于检查核对账目　　D. 不便于进行试算平衡

28. 汇总记账凭证账务处理程序与科目汇总表账务处理程序的相同点是（ ）。

A. 登记总账的依据相同　　B. 记账凭证的汇总方法相同

C. 保持了账户间的对应关系　　D. 简化了登记总分类账的工作量

29. 科目汇总表的汇总范围是(　　)。

A. 全部科目的借、贷方发生额和余额　B. 全部科目的借、贷方余额

C. 全部科目的借、贷方发生额　　D. 总账科目的借、贷方发生额和余额

30. 记账凭证账务处理程序一般适用于(　　)。

A. 规模较大,经济业务比较复杂的企业

B. 规模较大,但经济业务比较简单的企业

C. 规模较小,经济业务量较少的企业

D. 规模不大,但经济业务量较多的企业

31. 下列属于记账凭证账务处理程序主要缺点的是(　　)。

A. 不能体现账户的对应关系　　B. 不便于会计合理分工

C. 方法不易掌握　　D. 登记总分类账的工作量较大

32. 下列不属于记账凭证账务处理程序步骤的是(　　)。

A. 根据原始凭证或汇总原始凭证填制记账凭证

B. 根据原始凭证或汇总原始凭证、记账凭证登记明细分类账

C. 根据明细分类账和总分类账编制会计报表

D. 根据记账凭证登记汇总记账凭证和总分类账

33. 记账凭证账务处理程序下,不能作为登记明细分类账依据的是(　　)。

A. 原始凭证　　B. 汇总原始凭证

C. 记账凭证　　D. 记账凭证汇总表

34. 在各种不同账务处理程序中,不能作为登记总分类账依据的是(　　)。

A. 记账凭证　　B. 汇总记账凭证

C. 汇总原始凭证　　D. 科目汇总表

35. 采用科目汇总表账务处理程序时,月末不应将(　　)余额与有关总分类账的余额进行核对。

A. 现金日记账　B. 银行存款日记账　C. 科目汇总表　D. 明细分类账

二、多项选择题(将正确答案的英文字母填在括号内)

1. 现金日记账的具体登记方法,表述正确的有(　　)。

A. 日期栏是指记账凭证的日期,应与现金实际收、付日期一致

B. 凭证栏是指登记入账的收、付款凭证种类和编号

C. 对方科目栏是指现金收入的来源科目或支出的用途科目

D. 收入、支出栏是指现金实际收、付的金额

2. 关于银行存款日记账的登记方法,下列说法中正确的有(　　)。

A. 由会计负责登记　　B. 按时间先后顺序逐日逐笔进行登记

C. 每日结出存款余额　　D. 月终计算出全月收入、支出的合计数

3. 会计账簿按用途的不同,可以分为(　　)。

A. 分类账簿　B. 活页账　C. 备查账簿　D. 数量金额式账簿

4. 必须采用订本式账簿的有(　　)。

A. 原材料明细账　B. 现金日记账

C. 银行存款日记账　D. 生产成本总账

5. 下列明细账适用于数量金额式明细账的是(　　)。

A. 原材料明细账　B. 生产成本明细账

C. 库存商品明细账　D. 在途物资明细账

6. 关于账簿的启用,表述正确的有(　　)。

A. 启用订本式账簿应当从第一页到最后一页顺序编定页数

B. 订本账不得跳页、缺号

C. 使用活页式账簿应当按账户顺序编号,并须定期装订成册

D. 使用活页式账簿,装订后再按实际使用的账页顺序编定页码,另加目录以便于记明每个账户的名称和页次

7. 下列说法中,不正确的有(　　)。

A. 日记账必须采用三栏式

B. 总账最常用的格式为三栏式

C. 三栏式明细分类账适用于成本费用类科目的明细核算

D. 银行存款日记账应按企业在银行开立的账户和币种分别设置,每个银行账户设置一本日记账

8. 账簿按外表形式不同可以分为(　　)。

A. 活页式　B. 订本账　C. 卡片式　D. 分类账

9. 现金日记账和银行存款日记账的登记要求有(　　)。

A. 逐日逐笔登记　B. 由出纳员登记

C. 逐日结出余额　D. 逐日进行对账

10. 登记总分类账的依据有(　　)。

A. 原始凭证　B. 记账凭证　C. 科目汇总表　D. 汇总记账凭证

11. 下列账户的明细账宜采用多栏式的有(　　)。

A. 生产成本　B. 制造费用　C. 管理费用　D. 财务费用

12. 下列账户的明细账宜采用三栏式的有(　　)。

A. 材料采购　B. 制造费用　C. 应收账款　D. 应付账款

13. 账簿按账页格式不同可分为(　　)。

A. 三栏式　B. 多栏式　C. 数量金额式　D. 订本式

14. 下列关于会计账簿的登记要求,说法正确的有(　　)。

A. 登记会计账簿时做到数字准确、摘要清楚、登记及时、字迹工整

B. 账簿中书写的文字和数字上面要留有适当空格,一般应占格距的2/3

C. 记账时,必须按页次顺序连续登记,不得隔页、跳行

D. 只有冲销错账的时候才可以用红色墨水记账

15. 下列关于会计账簿的表述，正确的有（　　）。

A. 账簿序时、分类地记载经济业务，是在各个具体的账户中完成的

B. 账簿只是一个外在形式，账户才是它的实质内容；账簿与账户的关系，是形式和内容的关系

C. 会计账簿是对全部经济业务事项按照会计要素的具体类别而设置的分类账户进行登记的账簿

D. 账簿的基本内容包括封面、扉页、账页、会计分录

16. 对账工作的主要内容包括（　　）。

A. 账证核对　　B. 账簿核对　　C. 账账核对　　D. 账实核对

17. 下面关于会计账簿的更换叙述正确的有（　　）。

A. 新账簿建立登记完毕，要进行账账核对，并要与上年度财务报表的所有数据资料完全核对一致

B. 在建立新账前，要对原有各种账簿的账户进行结账、注明“结转下年余额”

C. 建立新账时，在新账簿扉页要填写单位名称、开始启用日期、起止页数、账户目录等，并由记账人员签章

D. 固定资产明细账或租入固定资产登记簿等备查账簿可以跨年度使用，不必每年更换一次

18. 下列结账方法中，正确的有（　　）。

A. 现金、银行存款日记账，每月要结出本月发生额和余额，在摘要栏内注明“本月合计”字样，并在下面通栏划单红线

B. 需要结计本年累计发生额的明细账，每月结账时，应在“本月合计”行下结出自年初起至本月末的累计发生额

C. 总账账户平时只需结出月末余额。年终结账时，将所有总账账户结出全年发生额和年末余额，在摘要栏内注明“本年合计”字样，并在合计数下通栏划双红线

D. 年度终了时，对有余额的账户，要将其余额结转下年，并在摘要栏注明“结转下年”字样

19. 以下关于科目汇总表账务处理程序的优缺点与适用范围的表述正确的有（　　）。

A. 将记账凭证通过科目汇总表汇总后登记总分类账，大大减轻了登记总账的工作量

B. 通过编制科目汇总表，可以对发生额进行试算平衡，从而及时发现错误，保证记账工作质量

C. 科目汇总表能反映账户之间的对应关系，有利于根据账簿记录检查和分析交易或事项的来龙去脉，便于查对账目

D. 适用于业务量多的大、中型企业

20. 下列不属于科目汇总表账务处理程序优点的有（　　）。

A. 便于反映各账户间的对应关系　　B. 便于进行试算平衡

C. 便于检查核对账目　　D. 简化登记总账的工作量

21. 各种账务处理程序的相同之处是（　　）。

A. 根据原始凭证编制汇总原始凭证

B. 根据原始凭证、汇总原始凭证和记账凭证，登记各种明细分类账

C. 根据收款凭证和付款凭证登记现金、银行存款日记账

D. 根据总账和明细账编制财务报表

22. 在科目汇总表账务处理程序下，月末应将(　　)与总分类账进行核对。

A. 现金日记账　　B. 明细分类账

C. 银行存款日记账　　D. 备查账

23. 汇总记账凭证一般分为(　　)。

A. 汇总收款凭证　　B. 汇总付款凭证

C. 原始凭证汇总表　　D. 汇总转账凭证

24. 下列关于记账凭证账务处理程序的表述中，正确的有(　　)。

A. 账务处理程序简单明了，易于理解

B. 总分类账可以较详细地反映经济业务的发生情况

C. 登记总分账的工作量较大

D. 适用于规模较小、经济业务量较小的单位

25. 在不同的账务处理程序下，登记总账的依据可以有(　　)。

A. 记账凭证　　B. 汇总记账凭证　　C. 科目汇总表　　D. 汇总原始凭证

26. 下列各项中，属于科学、合理地选择适用于本单位的账务处理程序的意义有(　　)。

A. 有利于规范会计工作　　B. 有利于增强会计信息可靠性

C. 有利于提高会计信息的质量　　D. 有利于保证会计信息的及时性

三、判断题(对的画√，错的画×)

1. 原始凭证是登记明细分类账的依据，记账凭证是登记总分类账的依据。(　　)

2. 出纳员应在现金日记账每笔业务登记完毕，即结出余额，并与库存现金进行核对。(　　)

3. 在明细账的核算中，只需要进行金额核算的，必须使用三栏式明细账。(　　)

4. 银行存款日记账格式与现金日记账相同，即可以采用三栏式，也可以采用多栏式，但必须都使用订本账。(　　)

5. 使用活页式账簿时，应当按账户顺序编号，不须定期装订成册。(　　)

6. 各单位在更换旧账簿、启用新账簿时，应当填制账簿启用表。(　　)

7. 固定资产明细账不必每年更换，可以连续使用。(　　)

8. 对于文字和数字错误，可以只划去错误的部分并进行更正。(　　)

9. 补充登记法就是把原来未登记完的业务登记完毕的方法。(　　)

10. 序时账簿又称为日记账，是按照经济业务发生时间的先后顺序逐日逐笔进行登记的账簿。(　　)

11. 在会计核算中，既要求进行金额核算，又要求进行实物核算的各种财产物资，应使用数量金额式明细账。(　　)

12. 会计部门各种财产物资明细分类账的期末余额与财产物资保管或使用部门有关明细账的期末余额核对属于账实核对。(　　)

13. 库存现金日记账的账页格式均为三栏式，而且必须使用订本账。(　　)

14. 备查登记簿的账页格式没有严格的限制，可以根据需要记录的内容和管理的要求自行设计。(　　)

15. 生产成本、库存商品明细账适用于三栏式明细账登记。(　　)

16. 企业可以用银行对账单或其他方法代替银行存款日记账，其他明细账可视情况而定。(　　)

17. 在明细账的核算中，只需要进行金额核算的，必须使用三栏式账页格式。(　　)

18. 制造费用明细分类账，应选用数量金额式账页格式。(　　)

19. 总分类账和明细分类账必须采用活页账。(　　)

20. 账簿中的每一账页就是账户的具体存在形式和载体，账簿序时、分类地记载经济业务，是在各个具体的账户中完成的。账簿与账户的关系是形式和内容的关系。(　　)

21. 汇总记账凭证账务处理程序和科目汇总表账务处理程序都有利于简化总账的登记工作。(　　)

22. 汇总记账凭证账务处理程序和科目汇总表账务处理程序都适用于经济业务较多的单位。(　　)

23. 在不同的账务处理程序下，财务报表的编制依据不同。(　　)

24. 记账凭证账务处理程序是最基本的账务处理程序，其他账务处理程序都是在此基础上发展形成的，其优点就是登记账簿的工作量小。(　　)

25. 采用记账凭证账务处理程序时，总分类账根据经审核的记账凭证直接逐笔登记。(　　)

26. 在不同的账务处理程序中，登记总分类账的依据相同。(　　)

◆ 岗位技能实训

实训一　练习掌握“现金日记账”和“银行存款日记账”的登记

(一)资料

1. 宏华实业有限公司 2018 年 4 月的业务资料如表 6-1 所示：

表 6-1　总账账户期初余额表

账户名称	借方余额	账户名称	贷方余额
库存现金	2 000	短期借款	300 000
银行存款	376 000	应付账款	252 000
库存商品	530 000	应交税费	6 600
应收账款	326 000	累计折旧	255 000
原材料	120 000	实收资本	830 000
固定资产	734 000	盈余公积	240 000
生产成本	358 600	本年利润	277 800
		利润分配	285 200
合计	2 446 600	合计	2 446 600

部分明细账户期初余额:“原材料”明细账户:A 材料 300 千克,单价 200 元,金额 60 000 元;B 材料 600 千克,单价 100 元,金额 60 000 元;“应付账款明细”账户:黄河工厂 155 200 元、常宏工厂 96 800 元;“生产成本——丙产品”明细账户:直接材料 211 000 元、直接人工 136 400 元、制造费用 11 200 元。

2. 宏华实业有限公司本月发生的经济业务如下:

(1)2 日,提取现金 6 000 元,以备零星使用。

(2)3 日,职工张明借支差旅费 5 000 元,以现金支付。

(3)3 日,向黄河工厂购入一批材料,增值税专用发票注明:A 材料 900 千克,每千克 200 元;B 材料 1 400 千克,每千克 100 元,合计买价 320 000 元,增值税 54 400 元,材料尚未入库,所有款项均未支付。

(4)4 日,以银行存款支付前欠货款黄河工厂 155 200 元,常宏工厂 96 800 元。

(5)5 日,向欣隆公司销售丙产品一批,售价 480 000 元,增值税 81 600 元,收到转账支票并存入银行。

(6)5 日,3 日购入的 A、B 材料验收入库。

(7)6 日,生产丙产品领用 A 材料 760 千克,B 材料 520 千克。

(8)6 日,收到梧福公司前欠货款 326 000 元存入银行。

(9)10 日,职工张明报销差旅费 5 150 元,差额以现金补足。

(10)11 日,开出转账支票偿还 3 日向黄河工厂购货款及税金 374 400 元。

(11)12 日,以现金购买办公用品 680 元(未能取得增值税专用发票),车间领用 280 元,行政管理部门领用 400 元。

(12)13 日,向常宏工厂购入一批材料,增值税专用发票注明:A 材料 900 千克,每千克 200 元;B 材料 1200 千克,每千克 100 元,合计买价 300 000 元,增值税 51 000 元,料尚未入库,所有款项均未支付。

(13)15 日,13 日购入的 A、B 材料验收入库。

(14)16 日,结算本月应付职工工资 371 500 元,其中:生产丙产品工人工资 238 000 元,车间管理人员工资 51 000 元,企业管理人员工资 72 500 元。

(15)16 日,从银行提取现金 371 500 元,备发工资。

(16)16 日,以现金发放工资 371 500 元。

(17)16 日,按工资总额 41%计提社会保险费等其他人工费用 152 315 元。

(18)31 日,计提本月生产车间固定资产折旧 73 000 元,厂部固定资产折旧 13 100 元。

(19)31 日,将本月制造费用 124 040 元转账。

(20)31 日,结转完工丙产品成本 521 200 元,其中直接材料 199 200 元,直接人工 226 000 元,制造费用 96 000 元。

(二)要求

1. 根据上述资料编制记账凭证。如表 6-2 至表 6-21 所示。

2. 根据记账凭证登记“现金日记账”和“银行存款日记账”。如表 6-22、表 6-23 所示。

表 6-2 记账凭证

年 月 日　　　　______字第____号

摘要	总账科目	明细科目	借方金额									记账符号	贷方金额								
			百	十	万	千	百	十	元	角	分		百	十	万	千	百	十	元	角	分
合　计																					

附原始凭证×张

会计主管　　　记账　　　复核　　　制证

表 6-3 记账凭证

年 月 日　　　　______字第____号

摘要	总账科目	明细科目	借方金额									记账符号	贷方金额								
			百	十	万	千	百	十	元	角	分		百	十	万	千	百	十	元	角	分

附原始凭证×张

会计主管　　　记账　　　复核　　　制证

表 6-4 记账凭证

年 月 日　　　　______字第____号

摘要	总账科目	明细科目	借方金额									记账符号	贷方金额								
			百	十	万	千	百	十	元	角	分		百	十	万	千	百	十	元	角	分

附原始凭证×张

会计主管　　　记账　　　复核　　　制证

表 6-5 记账凭证

年 月 日 ______字第____号

摘要	总账科目	明细科目	借方金额									记账符号	贷方金额								
			百	十	万	千	百	十	元	角	分		百	十	万	千	百	十	元	角	分

附原始凭证×张

会计主管 记账 复核 制证

表 6-6 记账凭证

年 月 日 ______字第____号

摘要	总账科目	明细科目	借方金额									记账符号	贷方金额								
			百	十	万	千	百	十	元	角	分		百	十	万	千	百	十	元	角	分

附原始凭证×张

会计主管 记账 复核 制证

表 6-7 记账凭证

年 月 日 ______字第____号

摘要	总账科目	明细科目	借方金额									记账符号	贷方金额								
			百	十	万	千	百	十	元	角	分		百	十	万	千	百	十	元	角	分

附原始凭证×张

会计主管 记账 复核 制证

表 6-8 记账凭证

年　　月　　日　　　　　　　　______字第____号

摘　要	总账科目	明细科目	借方金额									记账符号	贷方金额								
			百	十	万	千	百	十	元	角	分		百	十	万	千	百	十	元	角	分

附原始凭证×张

会计主管　　　　记账　　　　复核　　　　制证

表 6-9 记账凭证

年　　月　　日　　　　　　　　______字第____号

摘　要	总账科目	明细科目	借方金额									记账符号	贷方金额								
			百	十	万	千	百	十	元	角	分		百	十	万	千	百	十	元	角	分

附原始凭证×张

会计主管　　　　记账　　　　复核　　　　制证

表 6-10 记账凭证

年　　月　　日　　　　　　　　______字第____号

摘　要	总账科目	明细科目	借方金额									记账符号	贷方金额								
			百	十	万	千	百	十	元	角	分		百	十	万	千	百	十	元	角	分

附原始凭证×张

会计主管　　　　记账　　　　复核　　　　制证

表 6-11 记账凭证

年 月 日 ______字第____号

摘要	总账科目	明细科目	借方金额									记账符号	贷方金额								
			百	十	万	千	百	十	元	角	分		百	十	万	千	百	十	元	角	分

附原始凭证×张

会计主管 记账 复核 制证

表 6-12 记账凭证

年 月 日 ______字第____号

摘要	总账科目	明细科目	借方金额									记账符号	贷方金额								
			百	十	万	千	百	十	元	角	分		百	十	万	千	百	十	元	角	分

附原始凭证×张

会计主管 记账 复核 制证

表 6-13 记账凭证

年 月 日 ______字第____号

摘要	总账科目	明细科目	借方金额									记账符号	贷方金额								
			百	十	万	千	百	十	元	角	分		百	十	万	千	百	十	元	角	分

附原始凭证×张

会计主管 记账 复核 制证

表 6-14 记账凭证

年 月 日 ______字第____号

摘 要	总账科目	明细科目	借方金额									记账符号	贷方金额								
			百	十	万	千	百	十	元	角	分		百	十	万	千	百	十	元	角	分

附原始凭证×张

会计主管 记账 复核 制证

表 6-15 记账凭证

年 月 日 ______字第____号

摘 要	总账科目	明细科目	借方金额									记账符号	贷方金额								
			百	十	万	千	百	十	元	角	分		百	十	万	千	百	十	元	角	分

附原始凭证×张

会计主管 记账 复核 制证

表 6-16 记账凭证

年 月 日 ______字第____号

摘 要	总账科目	明细科目	借方金额									记账符号	贷方金额								
			百	十	万	千	百	十	元	角	分		百	十	万	千	百	十	元	角	分

附原始凭证×张

会计主管 记账 复核 制证

表 6-17　记账凭证

年　　月　　日　　　　　　　　______字第____号

摘　要	总账科目	明细科目	借方金额									记账符号	贷方金额								
			百	十	万	千	百	十	元	角	分		百	十	万	千	百	十	元	角	分

附原始凭证×张

会计主管　　　　记账　　　　复核　　　　制证

表 6-18　记账凭证

年　　月　　日　　　　　　　　______字第____号

摘　要	总账科目	明细科目	借方金额									记账符号	贷方金额								
			百	十	万	千	百	十	元	角	分		百	十	万	千	百	十	元	角	分

附原始凭证×张

会计主管　　　　记账　　　　复核　　　　制证

表 6-19　记账凭证

年　　月　　日　　　　　　　　______字第____号

摘　要	总账科目	明细科目	借方金额									记账符号	贷方金额								
			百	十	万	千	百	十	元	角	分		百	十	万	千	百	十	元	角	分

附原始凭证×张

会计主管　　　　记账　　　　复核　　　　制证

表 6-20　记账凭证

年　　月　　日　　　　　　　　　　　　______字第____号

摘　　要	总账科目	明细科目	借方金额									记账符号	贷方金额								
			百	十	万	千	百	十	元	角	分		百	十	万	千	百	十	元	角	分

附原始凭证×张

会计主管　　　　　　记账　　　　　　复核　　　　　　制证

表 6-21　记账凭证

年　　月　　日　　　　　　　　　　　　______字第____号

摘　　要	总账科目	明细科目	借方金额									记账符号	贷方金额								
			百	十	万	千	百	十	元	角	分		百	十	万	千	百	十	元	角	分

附原始凭证×张

会计主管　　　　　　记账　　　　　　复核　　　　　　制证

表 6-22　现金日记账

年		凭证字号	对方科目	摘　要	借方	贷方	余额
月	日						

续表 6-22

年		凭证字号	对方科目	摘　要	借方	贷方	余额
月	日						

表 6-23　银行存款日记账

年		凭证字号	对方科目	摘　要	借方	贷方	余额
月	日						

实训二　练习掌握各种明细分类账的登记

(一)资料

详见实训一的资料。

(二)要求

1. 开设并登记三栏式黄河工厂、常宏工厂“应付账款明细账”。如表 6-24、表 6-25 所示。

2. 开设并登记数量金额式 A、B 两种“原材料明细账”。如表 6-26、表 6-27 所示。

3. 开设并登记丙产品的多栏式“生产成本明细账”。如表 6-28 所示。

表 6-24　应付账款明细账

账户名称：

年		凭证字号	摘　要	借　方	贷　方	借或贷	余　额
月	日						

表 6-25　应付账款明细账

账户名称：

年		凭证字号	摘　要	借　方	贷　方	借或贷	余　额
月	日						

表 6-26　原材料明细账

材料名称：

年		凭证字号	摘　要	收　入			发　出			结　存		
月	日			数量	单价	金额	数量	单价	金额	数量	单价	金额

表 6-27　原材料明细账

材料名称：

年		凭证字号	摘　要	收　入			发　出			结　存		
月	日			数量	单价	金额	数量	单价	金额	数量	单价	金额

表 6-28　生产成本明细账

产品名称：

年		凭证字号	摘　要	借　方			
月	日			直接材料	直接人工	制造费用	余额

实训三　练习掌握总分类账的登记

(一)资料

详见实训一的资料。

(二)要求

1.根据实训一填制的记账凭证,编制科目汇总表(15 天编制一次)。如表 6-29 和表 6-30 所示。

2.根据科目汇总表分别登记“银行存款”“原材料”“应付账款”“生产成本”4 个总分类账(其余总账登记略)。如表 6-31 至表 6-34 所示。

表 6-29　科目汇总表

编制单位:　　　　　　　　　　　　年　月　日　　　　　　　　　　　汇总　　号

账户名称	账页	本期发生额		记账凭证起讫编号
		借方	贷方	
合计				

表 6-30　科目汇总表

编制单位：　　　　　　　　　　年　月　日　　　　　　　　　　汇总　　号

账户名称	账页	本期发生额		记账凭证起讫编号
		借方	贷方	
合计				

表 6-31　总分类账

账户名称：银行存款

年		凭证字号	摘　要	借　方	贷　方	借或贷	余　额
月	日						

表 6-32　总分类账

账户名称:原材料

年		凭证字号	摘　要	借　方	贷　方	借或贷	余　额
月	日						

表 6-33　总分类账

账户名称:应付账款

年		凭证字号	摘　要	借　方	贷　方	借或贷	余　额
月	日						

表 6-34　总分类账

账户名称:生产成本

年		凭证字号	摘　要	借　方	贷　方	借或贷	余　额
月	日						

实训四　练习掌握错账的更正方法

(一)资料

某企业2017年8月底结账前发现以下几笔错账：

1.8月10日，以银行存款归还前欠鑫隆公司的购货款60 000元。编制的记账凭证如下，并已登记入账。

借：应付账款——鑫隆公司　　6 000

　贷：银行存款　　6 000

2.8月15日，生产甲产品领用A原材料一批，计45 000元。编制的记账凭证如下，并已登记入账。

借：生产成本——甲产品　　54 000

　贷：原材料——A材料　　54 000

3.8月31日，预提应由本月负担的银行借款利息3 200元。编制的记账凭证如下，并已登记入账。

借：管理费用　　3 200

　贷：应付利息　　3 200

4.8月31日，结转本月完工甲产品生产成本8 600元。编制的记账凭证如下，但在登记总账时，误记为6 800元。

借：库存商品——甲产品　　8 600

　贷：生产成本——甲产品　　8 600

(二)要求

根据上述资料，分析错账的原因，按规定的错账更正方法予以更正。

项目七　开展财产清查

◆ 理论知识训练

一、单项选择题(将正确答案的英文字母填在括号内)

1. 无法查明原因的现金盘盈应该记入(　　)科目。

A. 管理费用　　B. 营业外收入　　C. 销售费用　　D. 其他业务收入

2. 某企业仓库本期期末盘亏原材料，原因已经查明，属于自然损耗，经批准后，会计人员应编制的会计分录为(　　)。

A. 借：待处理财产损溢
　　贷：原材料

B. 借：待处理财产损溢
　　贷：管理费用

C. 借：管理费用
　　贷：待处理财产损溢

D. 借：营业外支出
　　贷：待处理财产损溢

3. 企业的存货由于计量、收发错误导致的盘亏，由企业承担的部分应作为(　　)处理。

A. 营业外支出　　B. 其他业务支出　　C. 坏账损失　　D. 管理费用

4. 一般而言，单位撤销、合并时要进行(　　)。

A. 实地盘点　　B. 全面清查　　C. 局部清查　　D. 技术推算

5. 在记账无误的情况下，造成银行存款日记账和银行对账单不一致的原因是(　　)。

A. 未达账项　　B. 应付账款　　C. 其他应收款　　D. 银行存款

6. 盘亏的固定资产应该通过(　　)科目核算。

A. 固定资产清理　　B. 待处理财产损溢

C. 以前年度损益调整　　D. 材料成本差异

7. 企业财产清查后，据以填制待处理产盘盈、盘亏记账凭证的原始凭证是(　　)。

A. 材料物资出库单　　B. 材料物资入库单

C. 实存账存对比表　　D. 盘点表

8. 下列项目清查应采用发函询证法的是(　　)

A. 库存现金　　B. 原材料　　C. 短期投资　　D. 应付账款

9. 企业进行盘点，发现账实不符。下列会计处理中，正确的是(　　)。

A. 直接作损益处理　　B. 先调整账面结存数
C. 不作任何调整,继续查明原因　　D. 按账面数进行调整

10. 固定资产盘盈可通过(　　)科目核算。
A. "投资收益"　　B. "以前年度损益调整"
C. "营业外收入"　　D. "固定资产清理"

11. 对实物资产进行逐一清查核对,确定其实存数的方法是(　　)。
A. 实地盘存制　　B. 永续盘存制　　C. 技术推算法　　D. 实地盘点法

12. 待处理财产损溢账户贷方余额表示(　　)。
A. 尚待处理的盘亏和毁损数　　B. 尚待处理的盘盈数
C. 已处理的盘亏和毁损数　　D. 已处理的盘盈数

13. 对于财产清查结果处理的要求不包括(　　)。
A. 分析产生差异的原因和性质,提出处理建议
B. 向税务部门报告清查结果
C. 总结经验教训,建立健全各项规章制度
D. 及时调整账簿记录,保证账实相符

14. 对往来款项进行清查,应该采用的方法是(　　)。
A. 技术推算法　　B. 与银行核对账目法
C. 实地盘存法　　D. 发函询证法

15. 某建筑工地耗用的沙石在清查时,应采取的方法是(　　)。
A. 函证法　　B. 技术推算法　　C. 抽样检验法　　D. 实地盘存制

16. 某企业 12 月 31 日银行存款日记账的余额为 150 000 元,经逐笔核对,未达账项如下:银行已收,企业未收的 92 000 元;银行已付,企业未付的 2 000 元。调整后的企业银行存款余额应为(　　)。
A. 240 000 元　　B. 60 000 元　　C. 56 000 元　　D. 244 000 元

17. 下列资产中,(　　)不应采用实地盘点法或技术推算法进行清查。
A. 库存现金　　B. 原材料　　C. 银行存款　　D. 固定资产

18. 下列关于库存现金在盘点后应编制的原始凭证的各项中,正确的是(　　)。
A. 实存账存对比表　　B. 库存现金盘点报告表
C. 银行存款余额调节表　　D. 银行对账单

19. 银行存款常用的清查方法是(　　)。
A. 实地盘点法　　B. 账单核对法　　C. 技术推算法　　D. 发函询证法

20. 企业开出支票一张,银行尚未入账,属于(　　)情况的未达账项。
A. 银行已收,企业未收　　B. 银行已付,企业未付
C. 企业已收,银行未付　　D. 企业已付,银行未付

21. 旺欣公司 2017 年 10 月 31 日的银行存款核对中发现,银行对账单余额为 2 518.60 元,银行存款日记账账面余额为 2 500 元,经逐笔核查,发现有如下未达账项:(1)10 月 29 日,外地某购货单位汇来一笔预付款 3 400 元,银行已收妥入账,而企业尚未入账;(2)10 月 30 日,银行支付承兑货款 2 000 元,企业尚未记账;(3)10 月 30 日,企业开出现金支票一张计 1 000

元，但持票人尚未到银行提现；(4)银行代扣电话费 2 381.4 元，但企业尚未收到有关凭证。调整后银行存款的余额应是(　　)元。

A. 3 900　　B. 1 518.6　　C. 3 381.4　　D. 3 100

22. 企业在编制年度财务会计报告进行的财产清查，一般应进行(　　)。

A. 重点清查　　B. 全面清查　　C. 局部清查　　D. 抽样清查

23. 对财产清查结果进行正确账务处理的主要目的是保证(　　)。

A. 账表相符　　B. 账账相符　　C. 账实相符　　D. 账证相符

24. 下列记录可以作为调整账面数字的原始凭证的是(　　)。

A. 盘存单　　B. 实存账存对比表

C. 银行存款余额调节表　　D. 往来款项对账单

25. 年末，如果"坏账准备"科目有余额，则其期末余额等于(　　)。

A. 期初余额＋本期借方发生额－本期贷方发生额

B. 期初余额－本期借方发生额－本期贷方发生额

C. 期初余额＋本期借方发生额＋本期贷方发生额

D. 期初余额＋本期贷方发生额－本期借方发生额

26. 对企业的应收账款进行清查时应采用(　　)。

A. 实地盘点法　　B. 技术推算法

C. 与开户银行核对账目　　D. 函证法

27. 库存现金的清查是通过(　　)进行的。

A. 实地盘点法　　B. 账账核对法　　C. 技术分析法　　D. 征询法

28. 下列情况下，(　　)企业不需对其财产进行全面清查。

A. 年终决算前　　B. 企业进行股份制改制前

C. 更换仓库保管员　　D. 企业破产

29. 按清查时间划分，单位发生贪污盗窃、营私舞弊等事件时所进行的清查属于(　　)。

A. 全面清查　　B. 局部清查　　C. 定期清查　　D. 不定期清查

30. 按清查时间划分，单位发生撤销、合并、重组等事项时所进行的清查属于(　　)。

A. 定期清查　　B. 不定期清查　　C. 全面清查　　D. 局部清查

31. 财产清查的一般程序不包括(　　)。

A. 建立财产清查组织　　B. 制定清查方案

C. 编制复查报告

D. 根据盘存清单，填制实物、往来账项清查结果报告表

32. "坏账准备"科目在期末结账前如果为贷方余额，反映的内容是(　　)。

A. 已经提取的坏账准备

B. 已经发生的坏账损失

C. 收回以前已经确认并转销的坏账损失

D. 已确认的坏账损失超出坏账准备的余额

33. 技术推算法一般适用于(　　)的清查。

A. 货币资金　　B. 往来款项　　C. 机器设备　　D. 露天堆放的沙石

二、多项选择题(将正确答案的英文字母填在括号内)

1. 对于盘亏、毁损的存货,经批准后进行账务处理时,可能涉及的借方账户是(　　)。
A. 其他应收款　B. 营业外支出　C. 营业外收入　D. 原材料

2. 下列各项应在"待处理财产损溢"科目贷方登记的是(　　)。
A. 财产物资盘亏、毁损的金额　B. 财产物资盘盈的金额
C. 财产物资盘盈的转销额　D. 财产物资盘亏的转销额

3. 按清查范围不同,可将财产清查分为(　　)。
A. 定期清查　B. 不定期清查　C. 全面清查　D. 局部清查

4. 下列各项中,(　　)应当采用实地盘点法进行财产清查。
A. 库存现金的清查　B. 银行存款的清查
C. 实物资产的清查　D. 往来款项的清查

5. 未达账项包括下列几种情况(　　)。
A. 银行已收,企业未收　B. 银行已付,企业未付
C. 企业已收,银行未收　D. 企业已付,银行未付

6. 财产清查的结果不通过"待处理财产损溢"账户进行核算的有(　　)。
A. 原材料　B. 库存现金　C. 银行存款　D. 应收账款

7. 现金清查的内容主要包括(　　)。
A. 是否有未达账项　B. 是否有白条顶库
C. 有无挪用公款　D. 往来款项是否相符

8. 财产物资盘盈核算所涉及的账户有(　　)。
A. 待处理财产损溢　B. 管理费用
C. 营业外支出　D. 营业外收入

9. 财产清查的意义包括(　　)。
A. 有利于提高会计核算资料的准确性
B. 有利于挖掘财产物资的潜力,加速资金周转
C. 有利于保障财产物资的安全完整
D. 有利于合理安排生产经营活动

10. 由于仓库保管员工作调动对其保管的全部存货进行盘点属于(　　)。
A. 定期清查　B. 不定期清查　C. 全面清查　D. 局部清查

11. 坏账准备的提取方法包括(　　)。
A. 应收账款余额百分比法　B. 账龄分析法
C. 销货百分比法　D. 现销百分比法

12. 下列业务中,需要通过"待处理财产损溢"账户核算的有(　　)。
A. 库存现金的短缺　B. 存货的盘亏或毁损
C. 无法收回的应收账款　D. 固定资产的清理损失

13. 下列说法正确的有(　　)。
A. 固定资产提足折旧之后,不管能否继续使用,均不再提取折旧
B. 提前报废的固定资产,也不再补提折旧

C. 生产车间的固定资产的维修费用应该计入管理费用

D. 对于盘亏或毁损的固定资产的净损失计入当期营业外支出

14. 下列各项中，按照清查的时间对财产清查进行分类，正确的有（　　）。

A. 全面清查　　B. 局部清查　　C. 定期清查　　D. 不定期清查

15. 下列各项中，（　　）属于企业财产清查内容。

A. 货币资金　　B. 实物资产　　C. 应收账款　　D. 应付账款

三、判断题（对的画√，错的画×）

1. 财产清查既是会计核算的一种专门方法，又是财产物资管理的一项重要制度。（　　）

2. 通过财产清查，可以查明各项财产物资的保管情况是否良好，有无因管理不善，造成霉烂、变质、损失浪费，或者非法被挪用、贪污盗窃的情况，以便采取有效措施，改善管理，切实保障各项财产物资的安全完整。（　　）

3. "坏账准备"科目的借方登记当期计提的坏账准备金额，贷方登记实际发生的坏账损失金额和冲减的坏账准备金额。（　　）

4. 对已确认为坏账的应收账款，意味着企业放弃了追索权。（　　）

5. 未达账项是银行存款记账过程中形成的错账，需调整后才能入账。（　　）

6. 银行存款余额调节表只起对账作用，不能登记有关账簿。（　　）

7. 财产不定期清查可以是全面清查也可以是局部清查。（　　）

8. 对于银行已经入账本单位尚未入账的未达账项，应在收到有关原始凭证后，才能据以编制记账凭证，登记入账。（　　）

9. 定额内损耗的存货应记入营业外支出账户核算。（　　）

10. 对库存现金的清查，出纳人员必须在场。（　　）

11. 永续盘存制的计算公式为：期初结存数＋本期收入数－期末实存数＝本期发出数。（　　）

12. 存货发生盘盈，经批准后，借记"待处理财产损溢"科目，贷记"管理费用"科目。（　　）

13. 各种往来款项的清查必须派人亲自到对方单位核对。（　　）

14. 存货盘盈一般是由于收发计量或核算上的差错所造成的，冲减管理费用。（　　）

15. "待处理财产损溢"账户期末处理结转后应无余额。（　　）

16. 固定资产盘盈可计入营业外收入。（　　）

17. 实地盘存制有利于对财产物资的管理。（　　）

18. 定期清查可以是全面清查也可以是局部清查。（　　）

19. 在进行财产物资盘点时，实物保管员必须在场。（　　）

20. 现金应该每月清查一次。（　　）

21. 企业的银行存款日记账与银行对账单所记的内容是相同的，都是反映企业的银行存款的增减变动情况。（　　）

22. 在处理建议得到批准之前，财务部门不得进行任何账务处理。（　　）

23. 往来款项的清查一般采用发函询证的方法进行核对。（　　）

24. 未达账项是指在企业和银行之间，由于凭证的传递时间不同而导致一方已接到有关结算凭证且已登记入账，而另一方尚未接到有关结算凭证而未入账的款项。（　　）

◆ 岗位技能实训

实训一　练习掌握财产清查结果的账务处理

(一)资料

1. 某企业月末财产清查发现下列账实不符：

(1)甲材料盘盈 440 元。

(2)乙材料盘亏 1 600 元。

(3)库存商品溢余 280 元。

(4)盘亏机器一台，其账面原价为 66 000 元，已提折旧 55 000 元。

2. 上述账项经批准后处理如下：

(1)盘盈的甲材料冲减管理费用。

(2)盘亏的乙材料中 800 元属于自然损耗，400 元属于计量器具不精确，400 元属于保管员责任造成，应由保管员负责赔偿。

(3)溢余的库存商品冲减管理费用。

(4)盘亏的固定资产经批准转入营业外支出处理。

(二)要求

根据以上资料进行账务处理，将数据填入表 7-1。

表 7-1　代记账凭证

时间	凭证号	摘　要	会计科目	借方	贷方	过账符号

实训二　练习掌握银行存款余额调节表的编制

（一）资料

宏海公司2017年9月30日银行存款日记账余额为74 000元，与收到的银行对账单的余额为82 770元，两者存款余额不符。经核对，公司与银行均无记账错误，但是发现有下列未达账款，资料如下：

①9月28日，宏海公司开出一张金额为14 500元的转账支票用以支付供货方货款，但供货方尚未持该支票到银行兑现。

②9月29日，宏海公司送存银行的某客户转账支票13 100元，因对方存款不足而被退票，而公司未接到通知。

③9月30日，宏海公司当月的水电费用1 750元银行已代为支付，但公司未接到付款通知而尚未入账。

④9月30日，银行计算应付给宏海公司的存款利息1 120元，银行已入账，而公司尚未收到收款通知。

⑤9月30日，宏海公司委托银行代收的款项34 000元，银行已转入公司的存款户，但公司尚未收到通知入账。

⑥9月30日，宏海公司收到购货方转账支票一张，金额为26 000元，已经送存银行，但银行尚未入账。

（二）要求

编制宏海公司的银行存款余额调节表（表7-2）。

表7-2　银行存款余额调节表

编制单位：宏海公司　　2017年9月30日　　单位：元

项目	金额	项目	金额
企业银行存款日记账余额		银行对账单余额	
加：银行已收企业未收的款项合计		加：企业已收银行未收的款项合计	
减：银行已付企业未付的款项合计		减：企业已付银行未付的款项合计	
调节后余额		调节后余额	

实训三　练习掌握银行存款余额调节表的编制

（一）资料

1.开泰公司2017年3月1日，银行存款账户的余额为85 000元，7月发生下列经济业务：

（1）3日，签发转账支票（5811＃），归还上月所欠众发公司的欠款51 500元。

（2）7日，月初委托银行向众信公司收取的货款56 448元，已收妥入账。

（3）11日，销售产品一批，价款40 000元，增值税为6 800元，收到银行汇票一张，当即填制进账单送存银行。

（4）15日开出现金支票（6456＃），从银行提取现金73 400元备发工资。

（5）30日，支付本月购进甲材料一批，价款30 000元，增值税5 100元，填制转账支票一张（5812＃）支付材料款，材料已验收入库。

(6)31 日，签发转账支票(5813＃)，购买设备一套，交付使用，价款、增值税运杂费共计 58 400 元。

(7)31 日，销售给外地乙产品一批，售价 60 000 元，增值税 10 200 元，收到银行汇票，填制进账单送存银行。

2. 3 月 31 日银行对账单资料如表 7-3 所示。

表 7-3 银行存款对账单

2017 年		摘　要	结算凭证		存入	支出	余额
月	日		种类	号数			
3	1	期初余额					85 000
3	5	支付众发公司款	转支	5811＃		51 500	33 500
3	6	收众信公司款	委收		56 448		89 948
3	12	存入销货款	进账单		46 800		136 748
3	15	付现金	现支	6456＃		73 400	63 348
3	30	支付水费	托收			11 560	51 788
3	30	托收款划回	托收		95 000		146 788

(二)要求

1. 根据上述资料编制记账凭证，并据以登记银行存款日记账。如表 7-4 所示。

2. 根据上述资料将银行存款日记账和银行对账单逐笔核对，找出未达账项，并编制银行存款余额调节表。见表 7-5、表 7-6。

表 7-4 代记账凭证

时间	凭证号	摘　要	会计科目	借方	贷方	过账符号

表 7-5　银行存款日记账

年		凭证证号	对方科目	摘　要	借方	贷方	余额
月	日						

表 7-6　银行存款余额调节表

年　月　日　　　　单位：元

项目	金额	项目	金　额
企业银行存款日记账余额 加：银行已收企业未收款 减：银行已付企业未付款		银行对账单余额 加：企业已收银行未收款 减：企业已付银行未付款	
调节后的余额		调节后的余额	

项目八　编报财务报告

◆ 理论知识训练

一、单项选择题(将正确答案的英文字母填在括号内)

1. 下列项目对企业利润总额没有影响的是(　　)。

A. 投资收益　　B. 营业外支出　　C. 资产减值损失　　D. 所得税费用

2. 为了具体反映利润的形成情况,我国现行的利润表的结构一般采用(　　)报告结构。

A. 单步式　　B. 多步式　　C. 账户式　　D. 报告式

3. 会计报表编制的依据是(　　)。

A. 原始凭证　　B. 记账凭证　　C. 账簿记录　　D. 汇总记账凭证

4. 在下列各个会计报表中,属于企业对外提供的静态报表是(　　)。

A. 利润表　　B. 所有者权益变动表

C. 现金流量表　　D. 资产负债表

5. 资产负债表中,“应收账款”项目应根据(　　)填列。

A.“应收账款”总分类账户期末余额

B.“应收账款”各明细分类账户期末借方余额合计

C.“应收账款”“预收账款”两个科目所属的有关明细科目的期末借方余额计算后减去应收账款对应的坏账准备余额填列

D.“应收账款”“预收账款”两个科目所属的有关明细科目的期末贷方余额计算后减去应收账款对应的坏账准备余额填列

6. 编制利润表主要是根据(　　)。

A. 资产、负债及所有者权益各账户的本期发生额

B. 资产、负债及所有者权益各账户的期末余额

C. 损益类各账户的本期发生额

D. 损益类各账户的期末余额

7. 企业本月利润表中的营业收入为 450 000 元,营业成本为 216 000 元,税金及附加为 9 000 元,管理费用为 10 000 元,财务费用为 5000 元,销售费用为 8 000 元,则其营业利润为(　　)元。

A. 217 000　　B. 225 000　　C. 234 000　　D. 202 000

8. 某公司“原材料”账户期末余额为 150 万元,“库存商品”账户期末余额为 220 万元,“材料采购”账户期末余额为 25 万元,“存货跌价准备”账户期末余额为 12 万元,编制资产负债表

时，“存货”项目应填列（　　）万元。

A. 383　　B. 395　　C. 407　　D. 360

9. 关于资产负债表的格式，下列说法不正确的是（　　）。

A. 资产负债表主要有账户式和报告式

B. 我国的资产负债表采用报告式

C. 账户式资产负债表分为左右两方，左方为资产，右方为负债和所有者权益

D. 负债和所有者权益按照求偿权的先后顺序排列

10. “应付债券”在资产负债表中，应属于（　　）项目。

A. 流动负债　　B. 非流动负债　　C. 流动资产　　D. 非流动资产

11. 在利润表上，利润总额减去（　　）后，得出净利润。

A. 管理费用、财务费用　　B. 增值税

C. 营业外收支净额　　D. 所得税费用

12. 能够反映企业一定期间经营成果，分析企业获利能力的报表是（　　）。

A. 利润表　　B. 资产负债表

C. 所有者权益变动表　　D. 现金流量表

13. “预收款项”在资产负债表中，应属于（　　）项目。

A. 流动资产　　B. 非流动资产　　C. 流动负债　　D. 非流动负债

14. 下列各项中，不影响企业营业利润的是（　　）。

A. 营业外支出　　B. 财务费用

C. 资产减值损失　　D. 公允价值变动收益

15. 下列项目中不属于流动资产项目的是（　　）。

A. 货币资金　　B. 存货　　C. 无形资产　　D. 应收账款

16. 以“资产＝负债＋所有者权益”这一会计等式作为编制依据的财务报表是（　　）。

A. 利润表　　B. 所有者权益变动表

C. 资产负债表　　D. 现金流量表

17. 反映企业在某一特定日期财务状况的财务报表是（　　）。

A. 资产负债表　　B. 利润表　　C. 现金流量表　　D. 所有者权益变动表

18. 下列资产负债表项目中，应直接根据总账科目余额填列的是（　　）。

A. 长期股权投资　　B. 应收账款　　C. 短期借款　　D. 长期借款

19. 依照我国的会计准则，资产负债表采用的格式为（　　）。

A. 单步报告式　　B. 多步账户式　　C. 账户式　　D. 混合式

20. 下列不属于资产负债表中“非流动资产”项目的是（　　）。

A. 持有至到期投资　　B. 可供出售的金融资产

C. 固定资产　　D. 持有待售资产

二、多项选择题（将正确答案的英文字母填在括号内）

1. 下列各项中，影响营业利润的账户有（　　）。

A. 主营业务收入　　B. 其他业务成本　　C. 营业外支出　　D. 税金及附加

2. 借助于利润表提供的信息，可以帮助管理者（　　）。

A. 分析企业资产的结构及其状况　　B. 分析企业的债务偿还能力

C. 分析企业的获利能力　　D. 分析企业利润的未来发展趋势

3. 利润表中的“营业成本”项目填列所依据的是（　　）。

A. “营业外支出”发生额　　B. “主营业务成本”发生额

C. “其他业务成本”发生额　　D. “税金及附加”发生额

4. 下列各项中，属于资产负债表中流动资产项目的有（　　）。

A. 货币资金　　B. 预收款项　　C. 应收账款　　D. 存货

5. 下列项目中，在编制资产负债表时，可以根据总账账户余额直接填列的是（　　）。

A. 应交税费　　B. 应付票据　　C. 短期借款　　D. 应收票据

6. 资产负债表的相关项目，可以根据（　　）。

A. 一个或几个总账科目的余额填列

B. 明细科目的余额计算填列

C. 总账科目余额和明细科目余额计算填列

D. 有关科目余额减去其备抵科目余额后的净额填列

7. 资产负债表的“存货”项目应根据（　　）总账科目的合计数填列。

A. 库存商品　　B. 原材料　　C. 生产成本　　D. 库存现金

8. 按报表编制的会计主体分类可分为（　　）。

A. 对外会计报表　　B. 对内会计报表　　C. 个别会计报表　　D. 合并会计报表

9. 下列影响利润总额计算的项目有（　　）。

A. 营业收入　　B. 营业外支出　　C. 营业外收入　　D. 投资收益

10. 下列不属于资产负债表中“流动资产”项目的是（　　）。

A. 预收款项　　B. 应收账款　　C. 预付账款　　D. 持有至到期投资

11. 下列关于资产负债表的说法，正确的有（　　）。

A. 提供某一日期资产的总额及其结构，表明企业拥有或控制的资源及其分布情况

B. 提供某一期间的负债总额及其结构，表明企业未来需要用多少资产或劳务清偿债务以及清偿时间

C. 反映所有者所拥有的权益，据以判断资本保值、增值的情况以及对负债的保障程度

D. 提供某一日期的负债总额及其结构，表明企业未来需要用多少资产或劳务清偿债务以及清偿时间

12. 下列有关财务报表的表述中，正确的是（　　）。

A. 财务报表是指企业对外提供的反映企业某一特定日期财务状况和某一会计期间经营成果、现金流量等会计信息的文件

B. 企业财务报表可以为年度、半年度、季度或月度财务报表

C. 财务报表至少应当包括资产负债表、利润表、现金流量表、所有者权益变动表以及附注，即“四表一注”

D. 财务会计报告就是指财务报表

13. 以下项目中在资产负债表中列示在左方的有(　　)。

A. 长期股权投资　　B. 固定资产　　C. 无形资产　　D. 长期借款

14. 下列各项中,属于资产负债表中流动负债项目的有(　　)。

A. 应付职工薪酬　　B. 应付股利　　C. 应交税费　　D. 应付票据

15. 单位编制财务会计报告的主要目的,就是为(　　)及社会公众等财务会计报告使用者进行决策提供会计信息。

A. 投资者　　B. 债权人　　C. 政府及相关机构　　D. 单位管理人员

16. 下列各项中,在资产负债表中的"货币资金"项目中加以反映的是(　　)。

A. 库存现金　　B. 银行结算户存款　　C. 信用卡存款　　D. 外埠存款

17. 下列资产减值准备相关科目余额中,不在资产负债表上单独列示的有(　　)。

A. 长期股权投资减值准备　　B. 存货跌价准备

C. 坏账准备　　D. 固定资产减值准备

18. 资产负债表中的"一年内到期的非流动负债"项目应当根据下列科目贷方余额分析填列(　　)。

A. 应付债券　　B. 应付账款　　C. 长期应付款　　D. 长期借款

三、判断题(对的画√,错的画×)

1. 利润表"上期金额"栏内各项目数字,应根据上年度利润表"本期金额"栏内所列数字填列。(　　)

2. 利润表是反映企业一定会计期间财务状况的报表。(　　)

3. 财务会计报告是由单位根据经过审核的会计凭证编制。(　　)

4. 资产负债表的"期末余额"栏各项目主要根据总账或有关明细账本期发生额直接填列。(　　)。

5. "利润分配"总账的年末余额不一定与相应的资产负债表中未分配利润项目的数额一致。(　　)

6. 资产负债表中"应付账款"、"预付款项"项目应直接根据该科目的总账余额填列。(　　)

7. 资产负债表中的"长期待摊费用"项目应根据"长期待摊费用"科目的余额直接填列。(　　)

8. 资产负债表中"固定资产"项目应根据"固定资产"账户余额直接填列。(　　)

9. 资产负债表的格式主要有账户式和报告式两种,我国采用的是报告式。(　　)

10. 资产负债表中"预收款项"项目应根据"预付账款"和"预收账款"所属明细账贷方余额合计填列。(　　)

11. 资产负债表中确认的资产都是企业拥有的。(　　)

12. 利润表中"税金及附加"项目不包括增值税和消费税。(　　)

13. 利润表中,"税金及附加"项目应根据其科目的发生额填列。(　　)

14. 会计报表按其反映的内容,可以分为动态会计报表和静态会计报表。资产负债表是反

映企业在某一特定时期内企业财务状况的会计报表,属于静态会计报表。( )

15. 为了实现财务报表的编制目的,最大限度地满足财务报表使用者的信息需求,单位编制的财务报表应当符合国家统一的会计制度和会计准则的有关规定。( )

16. 报表附注是对资产负债表、利润表和现金流量表等报表中未列示项目的补充说明,其目的是更加全面、详细地反映单位财务状况、经营成果和现金流量之外的会计信息。( )

17. 财务报告至少应当包括资产负债表、利润表、现金流量表、所有者权益变动表和附注等部分。( )

18. 通过利润表,可以帮助报表使用者全面了解企业财务状况,分析企业的债务偿还能力,从而为未来的经济决策提供参考信息。( )

◆ 岗位技能实训

实训一 练习掌握资产负债表的编制

(一)资料

黄河工厂 2017 年 5 月份有关总账账户余额如表 8-1 所示。

表 8-1 总分类账户期末余额表

2017 年 5 月 31 日

单位:元

账户名称	借方余额	账户名称	贷方余额
库存现金	2 200	短期借款	200 000
银行存款	765 500	应付票据	26 000
应收票据	24 000	应付账款	61 000
应收账款	62 000	预收账款	6 000
预付账款	10 000	应付职工薪酬	12 500
其他应收款	2 000	应付股利	54 200
在途物资	26 000	应交税费	4 700
原材料	152 000	持有待售负债	60 000
库存商品	320 000	长期借款	600 000
持有待售资产	170 000	实收资本	980 000
生产成本	42 000	资本公积	126 000
在建工程	56 000	盈余公积	165 100
固定资产	726 000	利润分配	65 200
无形资产	120 000	累计折旧	117 000
合计	2 477 700	合计	2 477 700

另外,长期借款中有一年内到期的长期借款 150 000 元。根据以上资料编制该单位 5 月 31 日的资产负债表。如表 8-2 所示。

表 8-2　资产负债表

会企 01 表

编制单位：　　　　＿＿＿年＿＿月＿＿日　　　　单位：元

资　　产	期末余额	年初余额	负债和所有者权益（或股东权益）	期末余额	年初余额
流动资产：			流动负债：		
货币资金			短期借款		
以公允价值计量且其变动计入当期损益的金融资产			以公允价值计量且其变动计入当期损益的金融负债		
衍生金融资产			衍生金融负债		
应收票据及应收账款			应付票据及应付账款		
预付款项			预收款项		
其他应收款			应付职工薪酬		
存货			应交税费		
持有待售资产			其他应付款		
一年内到期的非流动资产			持有待售负债		
其他流动资产			一年内到期的非流动负债		
流动资产合计			其他流动负债		
非流动资产：			流动负债合计		
可供出售金融资产			非流动负债：		
持有至到期投资			长期借款		
长期应收款			应付债券		
长期股权投资			其中：优先股		
投资性房地产			永续债		
固定资产			长期应付款		
在建工程			预计负债		
生产性生物资产			递延收益		
油气资产			递延所得税负债		
无形资产			其他非流动负债		
开发支出			非流动负债合计		
商誉			负债合计		
长期待摊费用			所有者权益（或股东权益）：		
递延所得税资产			实收资本（或股本）		
其他非流动资产			其他权益工具		
非流动资产合计			其中：优先股		
			永续债		
			资本公积		
			减：库存股		
			其他综合收益		
			盈余公积		
			未分配利润		
			所有者权益（或股东权益）合计		
资产总计			负债和所有者权益（或股东权益）总计		

实训二 练习掌握利润表的编制

(一)资料

A公司2017年5月份损益类各账户的发生额资料如表8-3所示：

表8-3 各损益类账户本期发生额　　单位:元

账户名称	借方发生额	贷方发生额
主营业务收入		1 846 500
其他业务收入		32 000
投资收益	34 500	672 000
营业外收入		8 500
资产处置收益		65 000
其他收益		15 000
主营业务成本	864 200	
销售费用	342 000	
管理费用	78 000	
财务费用	42 200	
税金及附加	62 300	
其他业务成本	18 600	
营业外支出	6 600	
所得税费用	237 775	

(二)要求

根据上述资料编制A公司2017年5月份利润表。如表8-4所示。

表8-4 利润表　　会企02表

编制单位：　　____年____月　　单位:元

项　目	本期金额	上期金额
一、营业收入		
减:营业成本		
税金及附加		
销售费用		
管理费用		
研发费用		
财务费用		
其中:利息费用		
利息收入		
资产减值损失		

续表 8-4

项 目	本期金额	上期金额
加:其他收益		
投资收益(损失以"—"号填列)		
其中:对联营企业和合营企业的投资收益		
公允价值变动收益(损失以"—"号填列)		
资产处置收益(损失以"—"号填列)		
二、营业利润(亏损以"—"号填列)		
加:营业外收入		
减:营业外支出		
三、利润总额(亏损总额以"—"号填列)		
减:所得税费用		
四、净利润(净亏损以"—"号填列)		
(一)持续经营净利润(净亏损以"—"号填列)		
(二)终止经营净利润(净亏损以"—"号填列)		
五、其他综合收益的税后净额		
(一)不能重分类进损益的其他综合收益		
1.重新计量设定受益计划变动额		
2.权益法下不能转损益的其他综合收益		
……		
(二)将重分类进损益的其他综合收益		
1.权益法下可转损益的其他综合收益		
2.可供出售金融资产公允价值变动损益		
3.持有至到期投资重分类为可供出售金融资产损益		
4.现金流量套期损益的有效部分		
5.外币财务报表折算差额		
……		
六、综合收益总额		
七、每股收益:		
(一)基本每股收益		
(二)稀释每股收益		

实训三 练习掌握利润表的编制

(一)资料

黄河实业公司所得税税率为25%,该公司2017年11月份的利润表如表8-5所示。

表 8-5 利润表(简表)

编制单位:黄河实业公司　　2017 年 11 月　　单位:元

项目	本期金额	本年累计金额
一、营业收入	略	4 226 000
减:营业成本		2 850 000
税金及附加		118 000
销售费用		340 000
管理费用		350 000
财务费用		6 000
资产减值损失		5 000
加:投资收益		200 000
资产处置收益		65 000
其他收益		8 000
二、营业利润(损失以"—"号填列)		830 000
加:营业外收入		3 000
减:营业外支出		8 000
三、利润总额(损失以"—"号填列)		825 000
减:所得税费用		206 250

黄河实业公司 12 月份发生以下经济业务:

1. 对外销售甲产品 3 500 件,单价为 168 元,增值税税率为 17%,已办妥银行托收货款手续。

2. 财产清查中发现账外设备一台,估计原价 100 000 元,七成新。

3. 计算分配本月应付职工工资共计 240 000 元。其中:生产人员工资 200 000 元,管理部门人员工资 25 000 元,专设销售机构人员工资 15 000 元。

4. 计提本月办公用固定资产折旧 12 200 元。

5. 结转已销售的 3 500 件甲产品的销售成本 290 000 元。

6. 将本月实现的损益类账户结转至"本年利润"账户。(一张凭证编写不下时,需要再用一张续编,此时,记账凭证编号应该采用"分数编号法"。)

7. 12 月 31 日,按本月实现利润的 25%计算本月应交所得税,并转入本年利润。

(二)要求

根据上述资料编制黄河实业公司 2017 年度利润表(假设企业不存在其他纳税调整事项)。如表 8-6 所示。

表 8-6 利润表　　会企 02 表

编制单位:　　____年___月　　单位:元

项　目	本期金额	上期金额
一、营业收入		
减:营业成本		
税金及附加		

续表 8-6

项　　目	本期金额	上期金额
销售费用		
管理费用		
研发费用		
财务费用		
其中:利息费用		
利息收入		
资产减值损失		
加:其他收益		
投资收益(损失以"－"号填列)		
其中:对联营企业和合营企业的投资收益		
公允价值变动收益(损失以"－"号填列)		
资产处置收益(损失以"－"号填列)		
二、营业利润(亏损以"－"号填列)		
加:营业外收入		
减:营业外支出		
三、利润总额(亏损总额以"－"号填列)		
减:所得税费用		
四、净利润(净亏损以"－"号填列)		
(一)持续经营净利润(净亏损以"－"号填列)		
(二)终止经营净利润(净亏损以"－"号填列)		
五、其他综合收益的税后净额		
(一)不能重分类进损益的其他综合收益		
1.重新计量设定受益计划变动额		
2.权益法下不能转损益的其他综合收益		
……		
(二)将重分类进损益的其他综合收益		
1.权益法下可转损益的其他综合收益		
2.可供出售金融资产公允价值变动损益		
3.持有至到期投资重分类为可供出售金融资产损益		
4.现金流量套期损益的有效部分		
5.外币财务报表折算差额		
……		
六、综合收益总额		
七、每股收益:		
(一)基本每股收益		
(二)稀释每股收益		

项目九　组织会计工作

◆ 理论知识训练

一、单项选择题(将正确答案的英文字母填在括号内)

1. 我国从事会计工作人员的基本任职条件是(　　)。

A. 取得会计专业技术资格　　B. 具备会计专业能力、遵守职业道德

C. 取得中专以上专业学历　　D. 担任会计专业职务

2.《会计法》属于(　　)。

A. 会计法律　　B. 会计行政法规　　C. 会计规章　　D. 会计规范性文件

3. 一般会计人员办理会计工作交接手续时负责监交的人员一般应当是(　　)。

A. 其他会计人员　　B. 会计机构负责人

C. 单位负责人　　D. 主管单位有关人员

4. 担任单位会计机构负责人(会计主管人员)的,除取得具备会计专业能力、遵守职业道德外,还应当具备会计师以上专业技术职务资格或者从事会计工作(　　)年以上经历。

A. 3　　B. 5　　C. 6　　D. 8

5. 根据《总会计师条例》的规定,总会计师是(　　)。

A. 单位负责人　　B. 会计机构负责人

C. 专业技术职务　　D. 单位行政领导成员

6. 根据《会计法》的规定,(　　)对本单位的会计工作和会计资料的真实性、完整性负责。

A. 会计主管人员　　B. 单位负责人

C. 总会计师　　D. 会计机构负责人

7. 根据《会计档案管理办法》的规定,一般企业、事业单位销毁会计档案,应由(　　)。

A. 会计部门负责人监销　　B. 同级财政部门派人监销

C. 同级审计部门派人监销　　D. 档案部门和会计部门共同派人监销

8.《会计档案管理办法》规定,银行存款日记账的保管期限是(　　)。

A. 10 年　　B. 25 年　　C. 30 年　　D. 永久

9. 会计人员调动工作或离职,必须办理交接手续。会计机构负责人办理手续由(　　)监交,必要时主管单位可以派人会同监交。

A. 审计机构负责人　　B. 人事部门负责人

C. 行政部门负责人　　D. 单位负责人

10. 根据《会计法》的规定,行使会计工作管理职能的政府部门是(　　)。

A. 税务部门　　B. 财政部门　　C. 审计部门　　D. 证券监管部门

11. 下列各项中,不属于参与管理的基本要求的是( )。

A. 努力钻研业务,提高业务技能
B. 熟悉财经法规和相关制度
C. 提高服务质量
D. 熟悉服务对象的经营活动和业务流程

12. 下列各项中,不属于爱岗敬业基本要求的有( )。

A. 热爱会计工作,敬重会计职业
B. 忠于职守,尽职尽责
C. 执业谨慎,信誉至上
D. 严肃认真,一丝不苟

13. 下列各项中,不属于诚实守信的基本要求的有( )。

A. 做老实人,说老实话,办老实事
B. 实事求是,不偏不倚
C. 保守商业秘密,不为利益所诱惑
D. 执业谨慎,信誉至上

14. "常在河边走,就是不湿鞋"体现的会计职业道德是( )。

A. 参与管理 B. 廉洁自律 C. 提高技能 D. 强化服务

15. 会计法律制度是会计职业道德的( )。

A. 最高要求 B. 较高要求 C. 一般要求 D. 最低要求

16. 下列各项中,既是会计人员的义务,也是在职业活动中做到客观公正、坚持准则的基础的会计职业道德规范是( )。

A. 廉洁自律 B. 提高技能 C. 客观公正 D. 参与管理

二、多项选择题(将正确答案的英文字母填在括号内)

1. 下列属于会计部门规章的有( )。

A.《中华人民共和国会计法》
B.《企业会计准则》
C.《金融企业会计制度》
D.《会计档案管理办法》

2. 一个单位是否单独设置会计机构,主要由( )等因素决定。

A. 单位经营管理的要求
B. 单位规模的大小
C. 上级主管部门的相关规定
D. 经济业务和财务收支的繁简

3. 下列各项中,属于会计档案的有( )。

A. 原始凭证 B. 记账凭证 C. 会计账簿 D. 财务会计报告

4. 下列各项中,属于会计法律责任种类的是( )。

A. 罚款 B. 警告 C. 责令限期改正 D. 禁止从事会计工作

5. 根据《会计法》的规定,下列行为中,属于违法会计行为的有( )。

A. 随意变更会计处理方法
B. 私设会计账簿的行为
C. 不依法设置会计账簿的行为
D. 任用不具备会计专业能力的人员从事会计工作的行为

6. 下列各项中,属于变造会计账簿行为的有( )。

A. 以虚假的经济业务事项编造不真实的会计账簿
B. 用涂改手段改变会计账簿的真实内容
C. 用挖补手段改变会计账簿的真实内容
D. 以虚假的原始凭证为依据编造不真实的会计账簿

7.下列有关会计工作岗位的说法中,正确的有(　　)。

A.岗位的多少由单位自行决定　　B.贯彻内部牵制的原则

C.只能一人一岗　　D.定期轮换

8.下列说法中,正确的有(　　)。

A.廉洁自律是会计人员的行为准则

B.客观公正是会计职业道德规范的理想目标

C.诚实守信是会计职业道德的精髓

D.爱岗敬业是会计人员应具备的基本道德素质

9.小王是某代理记账公司提供专业服务的会计人员,其在下列为客户提供的服务中,违背会计职业道德要求的做法有(　　)。

A.向委托单位提出改进内部会计控制建议

B.利用专业知识向委托单位提出逃税建议

C.向委托单位提出合理降低成本建议

D.为帮助委托单位负责人完成年度业绩,提出将固定资产折旧和银行借款利息挂账处理建议

10.会计职业技能的主要内容包括(　　)。

A.会计专业基础知识　　B.会计专业操作的创新能力

C.组织协调能力　　D.提供会计信息的能力

11.会计人员在下列行为中,属于只违反了会计职业道德规范的有(　　)。

A.会计人员小王上班经常迟到早退

B.会计人员李某沉溺于网络游戏,不爱钻研业务

C.会计人员张某挪用公款炒股

D.会计机构负责人赵某满足于记账算账,不利用大量而丰富的会计信息参与本单位经营管理

12.下列关于参与管理的说法中正确的有(　　)。

A.参与管理要求会计人员积极主动直接参与到企业管理工作中,对企业经营活动做出决策

B.参与管理要求会计人员不断地提高业务技能为参与管理打下基础

C.参与管理要求会计人员熟悉服务对象的业务流程,使参与管理的决策更具针对性和有效性

D.为保障单位的利润实现,在项目实施之前进行相关的税收筹划,是参与管理的体现

13.某单位领导要求本单位出纳员张某将收到的下脚料销售款1万元另行存放不入账。张某没有按照该领导的要求执行,而是按规定作为零星收入入账,致使该领导很不高兴。财务科长李某知道后对张某进行了批评,他提出作为会计人员应该服从领导安排,领导让干啥就干啥。请问财务科长李某的做法违背了会计职业道德规范中的(　　)。

A.客观公正　　B.坚持准则　　C.爱岗敬业　　D.强化服务

14.诚实守信的基本要求之一是“保守秘密,不为利益所诱惑”,其中的秘密包括(　　)。

A.国家秘密　　B.商业秘密　　C.个人隐私　　D.企业逃税秘密

三、判断题(对的画√，错的画×)

1. 会计档案的保管期限从会计年度终了后的第一天算起。(　　)

2. 为保证会计职能作用的充分发挥，任何单位都应设置独立的会计机构，或在有关机构中配备会计人员并指定会计主管人员。(　　)

3. 单位负责人是单位会计工作的责任主体，所以，会计机构、会计人员没有会计监督的职权。(　　)

4. 伪造会计凭证的行为是指用涂改、挖补等方法改变会计凭证真实内容的行为。(　　)

5. 会计人员的移交工作应当编制移交清册，移交清册应一式两份并由移交双方签字，交接双方各执一份以备存查。(　　)

6. 单位和个人检举违反《会计法》和国家统一的会计制度规定的行为，属于会计工作的内部监督。(　　)

7. 会计人员的岗位应该有计划地进行轮换。(　　)

8. 单位内部会计监督的主体是该单位的会计机构和会计人员。(　　)

9. 会计档案一般不可以外借，但是对于特殊情况经单位负责人批准后，可以对外借出，并办理会计凭证借阅登记手续。(　　)

10. 注册会计师在进行审计鉴证时应以超然独立的姿态，进行公平公正的判断和评价，出具客观、适当的审计意见。(　　)

11. 在会计工作中一定要提供上乘的服务质量，不管服务主体提出什么样的要求，会计人员都要尽量满足服务主体的需要。(　　)

12. 小黄是单位的会计，她认为只要爱岗敬业，没有娴熟的会计技能也可以的，只要不出大错误就行。小黄的想法是正确的。(　　)

13. 会计法律制度具有很强的他律性，会计职业道德具有很强的自律性。(　　)

14. "不贪不占"是廉洁自律的思想基础。(　　)

15. 会计人员应言行一致，实事求是，正确核算，尽量减少和避免各种失误，当账目出现错误时，不惜伪造账目，弄虚作假，也要保证单位的利益。(　　)

16. 对一些损失浪费、违法乱纪的行为和一切不合法、不合理的业务开支，要严肃认真地对待，把好关，守好口。这体现了会计职业道德规范中的坚持准则。(　　)

◆ 岗位技能实训

实训一　掌握会计档案管理

(一)资料

年终，远达公司拟销毁一批保管期满的会计档案。远达公司档案科会同会计科清理会计档案，编制了会计档案销毁清册，经公司总会计师批准，将保管期满的会计档案全部销毁。事后查明，在销毁的该批会计档案中，有两张保管期满但尚未结清债权债务的原始凭证。

(二)要求

根据会计法律制度的有关规定，分析回答下列问题。

1. 会计档案的保管期限，从(　　)算起。

A. 会计年度终了后的第一天　　　　　　　　C. 档案形成之日
B. 会计年度最后一天　　　　　　　　　　　D. 档案移交档案部门之日

2. 会计档案保管期限分为 3 年、5 年、10 年、15 年、25 年，这一说法是否正确。

3. 下列会计档案要求永久保存的有(　　)。
A. 会计凭证　　　　　　　　　　　　　　B. 总账
C. 日记账　　　　　　　　　　　　　　　D. 年度财务会计报告

4. 远达公司在销毁会计档案中，不符合《会计档案管理办法》规定的做法有(　　)。
A. 档案科会同会计科清理会计档案，编制会计档案销毁清册
B. 单位总会计师批准，将保管期满的会计档案全部销毁
C. 保管期满但未结清债权债务的原始凭证，进行了销毁
D. 单位负责人未在会计档案销毁清册上签署意见

实训二　掌握会计交接与回避等方面的内容

(一)资料

宏远生物科技有限公司为国有企业，2017 年 6 月，该公司会计科长江某将其侄女江玉珠调到公司担任出纳工作，江玉珠已具备从事会计从事的能力。7 月，江玉珠调到一家外贸公司财务部工作，调离前与接任的张辉自行办理了会计工作交接手续。张辉接替出纳工作后，另设置了现金日记账和银行存款日记账。9 月，宏远生物科技有限公司向龙腾公司销售了一批总价款为 30 万元人民币的货物，宏远生物科技有限公司收到货款后，张辉为龙腾公司开具了收款发票，在填写发票时将 30 万元误填为 3 万元，龙腾公司发现后，交给张辉进行了更改并加盖了单位印章。

(二)要求

根据材料，选择下列符合题意的选项。

1. 下列单位中，不用实行会计人员回避制度的有(　　)。
A. 国家机关　　B. 国有企业　　C. 民营企业　　D. 事业单位

2. 江玉珠担任宏远生物科技有限公司出纳工作，对此下列表述正确的有(　　)。
A. 江玉珠已具备会计专业能力，可以在该单位担任出纳
B. 江玉珠不属于需要回避的直系亲属范围
C. 单位会计机构负责人、会计主管人员的直系亲属不得在本单位会计机构中担任出纳工作
D. 单位领导人的直系亲属不得担任本单位的出纳

3. 一般会计人员交接，由单位(　　)负责监交。
A. 会计机构负责人　　　　　　　　　　B. 会计主管人员
C. 单位负责人　　　　　　　　　　　　D. 总会计师

4. 张辉接替出纳工作后，另设置了现金日记账和银行存款日记账，对此下列表述正确的有(　　)。
A. 张辉不能另行设置现金日记账和银行存款日记账
B. 张辉可以另行设置现金日记账和银行存款日记账
C. 接替人员应当继续使用移交的会计账簿，不得自行另立新账

D. 接替人员可以选择是否继续使用移交的会计账簿，还是自行另立新账

5. 原始凭证有错误的，下列表述错误的有(　　)。

A. 原始凭证有错误的，应当由出具单位重开或更正，更正处应当加盖出具单位印章

B. 原始凭证有错误的，应当由接收单位重开或更正，更正处应当加盖接收单位印章

C. 原始凭证金额有错误的，应当由出具单位重开，不得在原始凭证上更正

D. 原始凭证金额有错误的，也可以由出具单位在原始凭证上更正

实训三 掌握会计职业道德内容

(一)资料

甲公司 2015 工作中存在以下情况：

1. 财务部经理张某努力学习理论知识，抓住公司经营管理中的薄弱环节，以强化成本核算和管理为突破口，将成本逐层分解至各部门并实行过程控制，大大降低成本，提高了经济效益。

2. 为帮助各部门及时反映成本费用，落实成本控制指标，会计人员徐某精心设计核算表格，并对相关人员进行核算业务指导，提高了该项工作的质量。

3. 公司处理一批报废汽车收入 15 000 元，公司领导要求不在公司收入账上反映，指定会计人员李某另行保管，以便经理室应酬所用。会计人员李某遵照办理。

4. 新兴公司财务经理找到丁公司王某，以给 5 000 元好处费为诱饵，希望王某促成丁公司为新兴公司银行贷款作担保，遭到王某拒绝。

5. 会计人员孙某利用工作之便将公司研发新产品的资料泄露给其朋友，取得了 2 万元的好处费，给公司带来一定经济损失。

(二)要求

根据上述情况，回答下列问题。

1. 张某的行为体现的会计职业道德要求有(　　)。

A. 廉洁自律　B. 坚持准则　C. 提高技能　D. 参与管理

2. 徐某的行为体现的会计职业道德要求有(　　)。

A. 参与管理　B. 爱岗敬业　C. 强化服务　D. 坚持准则

3. 李某的行为违反的会计职业道德要求有(　　)。

A. 客观公正　B. 诚实守信　C. 坚持准则　D. 提高技能

4. 王某的行为体现的会计职业道德要求有(　　)。

A. 廉洁自律　B. 坚持准则　C. 提高技能　D. 客观公正

5. 孙某的行为违反的会计职业道德要求有(　　)。

A. 客观公正　B. 诚实守信　C. 廉洁自律　D. 强化服务

实训四 运用会计职业道德知识

(一)资料

2016 年 2 月份，某市财政局派出检查组对某国有外贸企业 2015 年度的会计工作进行检查，发现存在以下情况。

1. 2015 年 2 月份，该企业财务处处长安排其侄女(具备会计专业能力，遵守职业道德)在财务处任出纳，并负责保管会计档案。

2. 发现一张发票"金额"栏的数字有更改痕迹，发票出具单位在"金额"栏更改处加盖了其单位印章。经查阅相关合同、单据，确认其更改后的金额数字是正确的。

3. 2015 年 12 月份，企业出口产品滞销，业绩滑坡，企业法定代表人要求财务处处长对该年度的财务数据进行处理，以确保企业实现"盈利"。企业财务处处长遵照办理，该企业的行为尚不构成犯罪。

(二)要求

根据上述资料，分析回答以下问题。

1. 根据《会计基础工作规范》的规定，该处长的侄女可以在本单位从事的工作是(　　)。

A. 债权债务核算　　B. 出纳

C. 稽核　　D. 对外财务会计报告编制

2. 由出纳人员兼做会计档案保管工作违反了(　　)。

A. 会计外部监督制度的规定　　B. 会计岗位责任制度的规定

C. 会计机构内部牵制制度的规定　　D. 会计机构内部稽核制度的规定

3. 企业对资料 2 中发票的错误，正确的处理办法应是(　　)。

A. 退回原出具单位，并由原出具单位重新开具发票

B. 退回原出具单位，应由原出具单位画线更正并加盖公章

C. 接受单位直接更正，并要求原出具单位说明情况同时加盖单位公章

D. 接受单位直接更正，并说明情况同时加盖单位公章

4. 对资料 3 中企业"处理"财务数据的行为，对其直接负责的主管人员和其他直接负责人员可以处以(　　)的罚款。

A. 1 万元　　B. 2 000 元以上 5 万元以下

C. 3 000 元以上 5 万元以下　　D. 5 万元以下

5. 对资料 3 中企业财务处处长的行为，下列说法正确的是(　　)。

A. 违反了爱岗敬业的要求　　B. 违反了诚实守信的要求

C. 违反了坚持准则的要求　　D. 违反了提高技能的要求

第二部分
会计基本技能综合模拟实训

为增强操作的真实程度，模拟河南省富洲市黄河有限责任公司12月份主要经济业务，以创设会计实际工作环境，有效地培养学生实际操作技能和分析解决问题的能力，达到培养学生会计岗位能力的目的。公司名称、法人代表、地址、银行账号、纳税人登记号等均为化名，如有雷同，纯属巧合。

一、实训目的

会计基本技能综合模拟实训，是在完成《会计基础》课程的全部教学内容后，组织学生在校内进行的仿真模拟实训。目的在于使学生通过独立实训操作，熟悉会计业务处理流程，提高识别原始凭证，填制原始凭证、记账凭证，登记会计账簿和编制会计报表的操作技能。让学生在填制与审核原始凭证，填制与审核记账凭证，登记账簿，编制会计报表的过程中，了解会计核算方法之间的相互联系，掌握会计核算的基本操作技能。培养学生良好的会计职业能力，实现学生所学知识与企业实际"零距离"的对接。为将来从事会计工作奠定良好的基础。

二、实训内容及时间安排

本次实训是以河南省富洲市黄河有限责任公司12月份所发生的经济业务为例，按照会计核算的业务流程和会计核算工作的具体要求，让学生充当该公司的财务人员角色，在老师的指导下完成从建账到填制会计凭证、登记会计账簿、编制会计报表、整理会计档案等一系列技能操作。实训时间一周左右，约30学时，具体安排见综表1。

综表1　综合模拟实训进程表

序号	实训项目内容	学时
1	建账	2
2	填制、审核原始凭证	4
3	填制、审核记账凭证	8
4	登记账簿	8
5	月末对账、结账	2
6	编制会计报表	2
7	装订会计凭证、账簿；撰写实习报告；教师总结讲评	4
合　计		30

三、实训材料准备

见综表2。

综表2　综合实训需用材料一览表

序号	材料名称	单位	每人用量	备注
1	记账凭证			
（1）	通用记账凭证	张	65	也可使用收、付、转记账凭证
2	会计账簿			

续综表 2

序号	材料名称	单位	每人用量	备注
(1)	总分类账	本	1	
(2)	日记账	张	2	
(3)	三栏式明细账	张	45	
(4)	数量金额式明细账	张	6	
(5)	生产成本明细账	张	2	
(6)	多栏明细账	张	11	
(7)	应交增值税明细账	张	2	
3	科目汇总表	张	2	
4	会计报表			
(1)	资产负债表	张	1	
(2)	利润表	张	1	
5	其他	胶水、票夹、凭证封皮、包角、回形针、装订机、装订线等根据具体情况安排用量		

四、实训操作要求及操作程序

会计核算形式要求采用记账凭证账务处理程序或科目汇总表账务处理程序。

(一)在记账凭证账务处理程序下

1.根据实训资料河南省富洲市黄河有限责任公司 12 月 1 日的总分类账户和明细分类账户的期初余额,开设现金日记账、银行存款日记账、各种明细分类账和总账。

2.根据河南省富洲市黄河有限责任公司 12 月份发生的各项经济业务,填制和审核原始凭证及记账凭证。

3.根据审核无误的记账凭证及所附原始凭证逐笔登记日记账和有关明细账。

4.根据记账凭证按时间先后顺序逐笔登记总分类账。

5.月末对账、结账。

6.根据总分类账及明细账及相关的实训资料,编制河南省富洲市黄河有限责任公司 12 月份的利润表、12 月 31 日的资产负债表。

7.按规定整理装订凭证、账簿、报表。

(二)在科目汇总表账务处理程序下

1.根据实训资料河南省富洲市黄河有限责任公司的 12 月 1 日的总分类账户和明细分类账户的期初余额,开设现金日记账、银行存款日记账、各种明细分类账和总账。

2.根据河南省富洲市黄河有限责任公司 12 月份发生的各项经济业务,填制和审核原始凭证及记账凭证。

3.根据审核无误的记账凭证及所附原始凭证逐笔登记日记账和有关明细账。

4.根据各种记账凭证，按旬编制科目汇总表。

5.根据科目汇总表登记总分类账。

6.月末对账、结账。

7.根据总分类账及明细账及相关的实训资料，编制河南省富洲市黄河有限责任公司12月份的利润表、12月31日的资产负债表。

8.按规定整理装订凭证、账簿、报表。

(三)撰写实训报告

五、实训资料

(一)企业概况

河南省富洲市黄河有限责任公司是从事产品生产的国有工业企业，主要生产甲、乙两种产品。公司登记地址：河南富洲市航海路8号；法定代表人：孙瑜；公司注册资本100万元人民币，企业机构代码（营业执照、税务登记）：91410102MA32156789；开户行：中国农业银行富洲市支行（基本存款户）；账号：10200001040210573；财务主管：徐珺；电话号码：0371－86668888。经税务部门核定为一般纳税人，适用增值税税率为17%；乙产品为消费税应税产品，消费税税率为30%，出租商标权的增值税税率为6%，公司适用的城市维护建设税税率为7%，教育费附加征收率为3%，地方教育费附加征收率为2%，所得税税率25%，企业所得税缴纳采用每月预缴年终汇算清缴的方式。存货采用实际成本法核算，原材料的发出采用先进先出法，发出库存商品采用全月一次加权平均法计价。

(二)12月1日总分类账户及明细账户的期初余额

见综表3。

综表3　总分类账户和明细分类账户余额表　　单位：元

账户名称	明细科目	总账期初余额		明细账期初余额	
		借方	贷方	借方	贷方
库存现金		2 750			
银行存款		197 000			
	农业银行富洲支行			197 000	
交易性金融资产		100 000			
	成本			100 000	
应收票据		60 000			
	大宇公司			60 000	
应收账款		111 150			
	幸富有限公司			21 000	
	福康有限公司			30 000	
	荀运有限公司			45 000	

续综表 3

账户名称	明细科目	总账期初余额		明细账期初余额	
		借方	贷方	借方	贷方
	富健有限公司			15 150	
预付账款		0			
	永富有限公司			10 000	
	健运有限公司				10 000
其他应收款		5 450			
	陈华			4 200	
	石磊			1 250	
坏账准备			1 000		
原材料		171 000			
	A 材料			100 000	
	B 材料			45 000	
	C 材料			26 000	
库存商品		298 500			
	甲产品			172 500	
	乙产品			126 000	
周转材料		31 000			
	包装箱			31 000	
长期股权投资		570 000			
	股票投资(万科股份)			570 000	
固定资产		2 489 000			
厂部管理机构	房屋建筑物			320 000	
	机器设备			249 000	
车间	房屋建筑物			1 680 000	
	机器设备			240 000	
累计折旧			336 000		
无形资产		285 500			
	专利权			285 500	
短期借款			180 000		
	建设银行借款				180 000
应付票据			56 000		
	信运有限公司				56 000
应付账款			120 000		

续综表3

账户名称	明细科目	总账期初余额		明细账期初余额	
		借方	贷方	借方	贷方
	河南长江有限公司				58 200
	江淮有限公司				36 000
	辉煌实业有限公司				25 800
预收账款			0		
	速递有限公司			30 000	
	赣铜有限公司				30 000
应付职工薪酬			158 000		
	工资				158 000
应交税费			9 600		
	未交增值税				9 600
应付利息			7 500		
	预提借款利息				7 500
其他应付款			1 200		
	租金				1 200
长期借款			600 000		
	工商银行借款				600 000
实收资本			1 800 000		
	梅兰机械公司				900 000
	苏林电器公司				900 000
盈余公积			480 425		
	法定盈余公积				320 285
	任意盈余公积				160 140
本年利润			830 000		
利润分配			100 000		
	未分配利润				100 000
生产成本		21 375			
	甲产品			10 825	
	乙产品			10 550	
合计		4 342 725	4 342 725		

(三)12 月 1 日部分明细分类账户余额

见综表 4 至综表 7。

综表 4 原材料明细账

账户名称	期初结存		
	数量(kg)	单价(元/kg)	金额(元)
A 材料	5 000	20	100 000
B 材料	1 500	30	45 000
C 材料	2 600	10	26 000
合计			171 000

综表 5 周转材料明细账

账户名称	期初结存		
	数量(个)	单价(元/个)	金额(元)
包装箱	3 100	10	31 000

综表 6 生产成本明细账

成本项目	材料费用	人工费用	制造费用	合计
甲产品	4 940	4 950	935	10 825
乙产品	5 300	4 630	620	10 550
合计	10 240	9 580	1 555	21 375

综表 7 库存商品明细账

产品名称	数量(件)	单位成本(元)	金额
甲产品	2 300	75	172 500
乙产品	750	168	126 000
合计			298 500

(四)该公司 12 月份发生下列经济业务

1. 1 日,经批准增加注册资本到 1 500 000 元,收到富洲市海河有限责任公司投资款 500 000 元(收到转账支票一张),办理银行进账手续。见综表 8 至综表 10。

综表 8　中国农业银行转账支票

中国农业银行转账支票　　GX91410963

出票日期（大写）贰零壹柒年壹拾贰月零壹日　　付款行名称：中国农业银行金水支行

收款人：河南省富洲市黄河有限责任公司　　出票人账号：100042100045670321

本支票付款期限十天

人民币（大写）	亿	千	百	十	万	千	百	十	元	角	分
伍拾万元整			¥	5	0	0	0	0	0	0	0

用　途：投资款

富洲市海河有限责任公司 91410102MA 66787632 财务专用章

陈旭

出票人签章　　复核　　记账

综表 9　中国农业银行　　进账单(收账通知)

中国农业银行　　进账单（收账通知）　1

年　月　日　　第　号

付款人	全　称		收款人	全　称	
	账　号			账　号	
	开户银行			开户银行	

人民币（大写）	千	百	十	万	千	百	十	元	角	分

票据种类		收款人开户银行盖章
票据张数		
会计　复核　记账		

综表 10　收　　据

NO.100216

年　月　日

交款单位＿＿＿＿＿＿＿＿收款方式＿＿＿＿＿＿

人民币（大写）＿＿＿＿＿＿＿＿(小写)¥＿＿＿＿＿＿

收款事由＿＿＿＿＿＿＿＿＿＿＿＿

年　月　日

富洲市黄河有限责任公司 91410102MA 32156789 财务专用章

收款人：　　复核：　　经办人：　　单位（章）

2.1 日,公司财务人员石磊到外地出差,经领导批准预支差旅费 3 000 元,支付现金。见综表 11。

综表 11　借　款　单

12 月 1 日

借款单位	财务部	借款人	石磊
借款原因	出差		
借支金额	人民币（大写）叁仟元整　¥3 000.00		
付款方式	现金 √　支票　电汇　其他		
单位负责人意见：孙瑜		借款人签收：石磊	
财务主管核批：徐珺		出纳：孙玉宝	

3.1 日,开出现金支票一张,从基本银行账户提取现金 3 000 元备用,见综表 12。

综表 12　中国农业银行现金支票

中国农业银行现金支票

中国农业银行
现金支票存根
GX91410761

出票日期　年　月　日
收款人:
金　额:
用　途:
单位主管　会计

本支票付款期限十天

中国农业银行现金支票　GX91410761
出票日期（大写）　年　月　日　付款行名称:
收款人:　出票人账号:

人民币（大写）	亿	千	百	十	万	千	百	十	元	角	分

用　途:
上列款项请从
我账户内支付
出票人签章

富润市黄河有限责任公司
91410102MA
32156789
财务专用章

孙瑜

复核　记账

4.2 日,开出转账支票 36 000 元,偿还上月所欠的江淮有限公司的货款,见综表 13。

综表 13　中国农业银行转账支票

中国农业银行
转账支票存根
GX91410861

出票日期　年　月　日
收款人:
金　额:
用　途:
单位主管　会计

本支票付款期限十天

中国农业银行转账支票　GX91410861
出票日期（大写）　年　月　日　付款行名称:
收款人:　出票人账号:

人民币（大写）	亿	千	百	十	万	千	百	十	元	角	分

用　途:
上列款项请从
我账户内支付
出票人签章

富润市黄河有限责任公司
91410102MA
32156789
财务专用章

孙瑜

复核　记账

5.2 日，从河南长江有限责任公司购买 B、C 材料，货款尚未支付，见综表 14。

综表 14　河南省增值税专用发票

4100154322　　河南增值税专用发票　　No. 91410231

全国统一发票监制章　河南　国家税务总局监制

4100154322

91410231

校验码 68814 60947 08622 95480　　发票联　　开票日期：2017 年 12 月 02 日

购货单位	名称：河南省富洲市黄河有限责任公司 纳税人识别号：91410102MA32156789 地址、电话：富洲市航海路 8 号、86668888 开户行及账号：农行富洲支行 10200001040210573				密码区		
货物或应税劳务名称	规格型号	单位	数量	单价	金额	税率	税额
B 材料		千克	1 000	29	29 000	17%	4 930
C 材料		千克	2 000	9	18 000	17%	3 060
合　计			3 000		47 000	17%	7 990
价税合计（大写）	伍万肆仟玖佰玖拾元整				（小写）¥54 990.00		
销货单位	名称：河南长江有限责任公司 纳税人识别号：91410102MA72006117 地址、电话：富洲市花园路 18 号、68877667 开户行及账号：工商银行富洲支行 201—12003004				备注	河南长江有限责任公司 91410102MA 55678321 发票专用章	

第二联发票联

收款人：　　复核：　　开票人：张曾　　销货单位：（章）

6.3 日，开出转账支票一张，支付上述购买 B、C 材料的运杂费 3 330 元。（运杂费按两种材料的重量分配）。见综表 15 至综表 17。

综表 15　运杂费分配表

材料名称	重量	分配率	分配金额
合计			

主管：　　记账：　　复核：　　制单：

综表 16　中国农业银行转账支票

中国农业银行 转账支票存根 GX91410862	中国农业银行转账支票　GX91410862
	出票日期（大写）　年　月　日　付款行名称：
	收款人：　出票人账号：
出票日期　年　月　日	本支票付款期限十天　人民币（大写）　亿 千 百 十 万 千 百 十 元 角 分
收款人：	用　途：
金　额：	上列款项请从我账户内支付
用　途：	富洲市黄河有限责任公司 91410102MA32156789 财务专用章　孙瑜
单位主管　会计	出票人签章　复核　记账

综表 17　河南省增值税专用发票

4100154320　**河南增值税专用发票**　No. 91415987

全国统一发票监制章 河南 国家税务总局监制　发票联

4100154320

91415987

校验码 68814 60947 08622 95480　开票日期：2017 年 12 月 03 日

购货单位	名称：河南省富洲市黄河有限责任公司 纳税人识别号:91410102MA32156789 地址、电话：富洲市航海路 8 号、86668888 开户行及账号：农行富洲支行 1020001040210573	密码区					
货物或应税劳务名称	规格型号	单位	数量	单价	金额	税率	税额
*运输服务*运输费					3 000	11%	330
合　计					¥3 000		¥330
价税合计（大写）	叁仟叁佰叁拾元整				（小写）¥3 330.00		
销货单位	名称:富洲市第三运输公司 纳税人识别号：91410102MA56987321 地址、电话：富洲市金水路 36 号、68877667 开户行及账号：中行富洲支行 301213211000202538 6	备注	富洲市第三运输公司 91410102MA56987321 发票专用章				

收款人：　复核：　开票人：张曾　销货单位：（章）

第二联 发票联

7.2 日购进的 B、C 材料验收入库。见综表 18。

综表 18　入　库　单

供货单位：　　　　　　　　　　　　　　　　　　　　　　　　凭证编号：
发票号码：　　　　　　　　　　年　　月　　日　　　　　　　收料仓库：

材料编号	材料名称	规格	单位	数量		单价	金额
				应收	实收		

主管：　　　　　　　记账：　　　　　　　仓库保管：　　　　　　　经办人：

8.4 日，开出转账支票，用于管理部门购买办公用品 1 170 元；收到河南华联商业有限责任公司增值税专用发票，笔记本 100 个，单价 10 元，增值税税额 170 元；办公用品已验收入库。见综表 19 至综表 21。

综表 19　中国农业银行转账支票

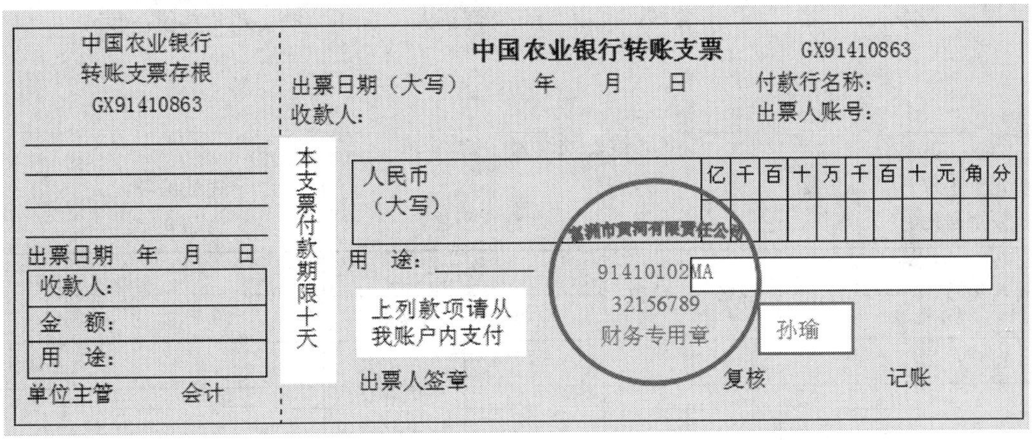
中国农业银行
转账支票存根
GX91410863

出票日期　年　月　日
收款人：
金　额：
用　途：
单位主管　　会计

本支票付款期限十天

中国农业银行转账支票　　GX91410863
出票日期（大写）　年　月　日　　付款行名称：
收款人：　　　　　　　　　　　　出票人账号：

人民币（大写）	亿	千	百	十	万	千	百	十	元	角	分

用　途：
上列款项请从
我账户内支付
出票人签章　　　　复核　　　　记账

综表 20　　河南增值税专用发票

4100164593　　**河南增值税专用发票**　　No. 91476996

河南 国家税务总局监制

4100164593
91476996

发 票 联

校验码 68991 60947 08622 94561　　开票日期：2017 年 12 月 09 日

购货单位	名称：河南省富洲市黄河有限责任公司 纳税人识别号:91410102MA32156789 地址、电话：富洲市航海路 8 号、86668888 开户行及账号：农行富洲支行 10200001040210573				密码区		
货物或应税劳务名称	**规格型号**	**单位**	**数量**	**单价**	**金额**	**税率**	**税额**
*纸制品*笔记本		个	100	10	1 000	17%	170
合　计					￥1 000		￥170
价税合计（大写）	壹仟壹佰柒拾元整				（小写）￥1 170.00		
销货单位	名称:河南华联商业有限责任公司 纳税人识别号: 91410182MA56456729 地址、电话：富洲市城东路 211 号、62176437 开户行及账号：中行富洲支行 3012987654892025386				备注	河南华联商业有限责任公司 91410182MA 56456729 发票专用章	

第二联发票联

收款人：　　复核：　　开票人：苏阳　　销货单位：（章）

综表 21　入　库　单

供货单位：　　凭证编号：

发票号码：　　年　月　日　　物品仓库：

材料编号	材料名称	规格	单位	数量		单价	金额
				应收	实收		

主管：　　记账：　　仓库保管：　　经办人：

9.5 日，缴纳上月未交的增值税 9 600 元，缴纳上月城市维护建设税、教育费附加和地方教育费附加共计 1152 元。见综表 22 和综表 23。

综表 22　中 华 人 民 共 和 国

税收电子转账专用完税凭证　国

填发日期：2017 年 12 月 05 日

税务登记代码	91410102MA32156789	征收机关	富洲市国税东区分局
纳税人全称	河南省富洲市黄河有限责任公司	收款银行（邮局）	中国农业银行富洲市支行
税（费）种	税收所属期间		实缴金额
增值税	20171101-20171131		9 600.00
金额合计	（大写）玖仟陆佰元整		¥9 600.00
征收机关	收款银行（盖章）	经手人（签章）	备注

综表 23　中 华 人 民 共 和 国

税收电子转账专用完税凭证　地

填发日期：2017 年 12 月 05 日

税务登记代码	91410102MA32156789	征收机关	富洲市地税直属征收分局
纳税人全称	河南省富洲市黄河有限责任公司	收款银行（邮局）	中国农业银行富洲市支行
税（费）种	税收所属期间		实缴金额
城市维护建设税	20171101-20171131		672.00
教育费附加	20171101-20171131		288.00
地方教育费附加	20171101-20171131		192.00
金额合计	（大写）壹仟壹佰伍拾贰元整		¥1 152.00
征收机关	收款银行（盖章）	经手人（签章）	备注

10. 6 日，购入 A 材料，款项 51 480 元全部以银行存款支付，材料已验收入库。见综表 24 和综表 25。

综表 24　中国农业银行转账支票

中国农业银行 转账支票存根 GX91410865	中国农业银行转账支票　GX91410865
	出票日期（大写）　年　月　日　付款行名称：
	收款人：　出票人账号：
	本支票付款期限十天
	人民币（大写）　亿 千 百 十 万 千 百 十 元 角 分
出票日期　年　月　日	用　途：
收款人：	上列款项请从我账户内支付
金　额：	富洲市黄河有限责任公司 91410102MA32156789 财务专用章　孙瑜
用　途：	出票人签章　复核　记账
单位主管　会计	

综表 25 入 库 单

供货单位： 凭证编号：

发票号码： 年 月 日 物品仓库：

材料编号	材料名称	规格	单位	数量		单价	金额
				应收	实收		

主管： 记账： 仓库保管： 经办人：

11.7 日，收回幸富有限责任公司上月所欠货款 21 000 元（收到银行转账支票一张），办理银行进账手续。见综表 26 和综表 27。

综表 26 中国工商银行转账支票

中国工商银行转账支票 GX91414436

出票日期（大写）贰零壹柒年壹拾贰月零壹日 付款行名称：中国工商银行金水支行

收款人：河南省富洲市黄河有限责任公司 出票人账号：10004210004768O118

本支票付款期限十天

人民币（大写）贰万壹仟元整	亿	千	百	十	万	千	百	十	元	角	分
				¥	2	1	0	0	0	0	0

用 途：归还欠款

上列款项请从我账户内支付

富洲市幸富有限责任公司 91410102MA96789321 财务专用章

郑煦

出票人签章 复核 记账

综表 27 中国农业银行 进账单(收账通知) 1

年 月 日 第 号

<table>
<tr><td rowspan="3">付款人</td><td>全 称</td><td></td><td rowspan="3">收款人</td><td>全 称</td><td colspan="10"></td></tr>
<tr><td>账 号</td><td></td><td>账 号</td><td colspan="10"></td></tr>
<tr><td>开户银行</td><td></td><td>开户银行</td><td colspan="10"></td></tr>
<tr><td rowspan="2">人民币（大写）</td><td colspan="4" rowspan="2"></td><td>千</td><td>百</td><td>十</td><td>万</td><td>千</td><td>百</td><td>十</td><td>元</td><td>角</td><td>分</td></tr>
<tr><td></td><td></td><td></td><td></td><td></td><td></td><td></td><td></td><td></td><td></td></tr>
<tr><td colspan="2">票据种类</td><td></td><td colspan="12" rowspan="3">收款人开户银行盖章</td></tr>
<tr><td colspan="2">票据张数</td><td></td></tr>
<tr><td colspan="3">单位主管 会计 复核 记账</td></tr>
</table>

12.9 日，办理电汇，偿还前欠辉煌实业有限公司的货款 25 800 元，并开出转账支票偿还前欠信运有限公司已经到期的商业汇票款 56 000 元。见综表 28 和综表 29。

综表 28 中国农业银行电汇凭证(回单)

日期 2017 年 12 月 09 日

<table>
<tr><td rowspan="3">汇款人</td><td>全 称</td><td colspan="3">富洲市黄河有限责任公司</td><td rowspan="3">收款人</td><td>全 称</td><td colspan="3">辉煌实业有限公司</td></tr>
<tr><td>账 号</td><td colspan="3">10200001040210573</td><td>账 号</td><td colspan="3">300421041</td></tr>
<tr><td>汇出地</td><td>河南省富洲市</td><td>汇出行名称</td><td>农行富洲支行</td><td>汇入地</td><td>河南省开封市</td><td>汇入行名称</td><td>建行虹桥支行</td></tr>
<tr><td>金额</td><td colspan="9">人民币（大写）：贰万伍仟捌佰元整 ¥ 25 800.00</td></tr>
<tr><td colspan="5">汇款用途:材料款</td><td colspan="5">留行待取预留
收款人印鉴</td></tr>
<tr><td colspan="3">上列款项已代进账，如有错误，请持此联来面洽。
汇入行盖章
年 月 日</td><td colspan="3">上列款项已照收无误。
收款人盖章
年 月 日</td><td colspan="4">科目（借）
对方科目（贷）
汇入行解汇日期 年 月 日
复核 记账 出纳</td></tr>
</table>

综表 29　中国农业银行转账支票

中国农业银行 转账支票存根 GX91410866 出票日期　年　月　日 收款人: 金　额: 用　途: 单位主管　　会计	本支票付款期限十天	**中国农业银行转账支票**　　GX91410866 出票日期（大写）　　年　　月　　日　　付款行名称: 收款人:　　出票人账号: 人民币（大写）　亿 千 百 十 万 千 百 十 元 角 分 用　途: 上列款项请从我账户内支付 富润市黄河有限责任公司 91410102MA32156789 财务专用章 出票人签章　　孙瑜　复核　　记账

13. 9 日，销售给河南省荀运有限公司甲产品 600 件，单位售价 160 元，乙产品 250 件，单位售价 280 元，货款已存入银行；售给河南省胜利有限责任公司甲产品 800 件，单位售价 160 元，款项尚未收回。见综表 30 至综表 35。

综表 30　客户基本信息

客户名称	纳税人识别号	开户银行	账号	地址
河南胜利有限公司	91410102MA2886754001	工行开封支行	2012267	开封市玄武门 35 号

综表 31　河南增值税专用发票

4100164562　　**河南增值税专用发票**　　No. 03115341

4100164562
03115341

河南　发票联

校验码 68991 60947 08622 94580　　开票日期：2017 年 12 月 09 日

购货单位	名称: 纳税人识别号: 地址、电话: 开户行及账号:			密码区			
货物或应税劳务名称	规格型号	单位	数量		金额	税率	税额
合　　计							
价税合计（大写）					（小写）¥		
销货单位	名称: 纳税人识别号: 地址、电话: 开户行及账号:			备注	富润市黄河有限责任公司 91410102MA32156789 发票专用章		

第三联 记账联

收款人:　　复核:　　开票人:　　销货单位:（章）

综表 32　中国工商银行转账支票

中国工商银行转账支票　　GX914144227

出票日期（大写）　贰零壹柒年壹拾贰月零玖日　　付款行名称：中国工商银行富洲支行

收款人：河南省富洲市黄河有限责任公司　　出票人账号：100042100055506666

本支票付款期限十天

人民币	亿	千	百	十	万	千	百	十	元	角	分
（大写）壹拾玖万肆仟贰佰贰拾元整			¥	1	9	4	2	2	0	0	0

用　途：货款

上列款项请从我账户内支付

（印章：河南省衡运有限责任公司 91410102MA32195678 财务专用章）　（印章：赵燕）

出票人签章　　复核　　记账

综表 33　中国农业银行　　进账单(收账通知)　1

年　月　日　　第　号

付款人			收款人		
付款人	全　称		收款人	全　称	
	账　号			账　号	
	开户银行			开户银行	

人民币（大写）		千	百	十	万	千	百	十	元	角	分

票据种类		
票据张数		
单位主管　会计　复核　记账		收款人开户银行盖章

综表 34 河南增值税专用发票

4100164563 **河南增值税专用发票** No. 03115342

4100164563
03115342

河南

发票联

校验码 68991 60947 08622 94581 开票日期：2017年12月09日

购货单位	名称： 纳税人识别号： 地址、电话： 开户行及账号：			密码区			
货物或应税劳务名称	规格型号	单位	数量		金额	税率	税额
合 计							
价税合计（大写）				（小写）¥			
销货单位	名称： 纳税人识别号： 地址、电话： 开户行及账号：			备注	富洲市黄河有限责任公司 91410102MA 32156789 发票专用章		

收款人： 复核： 开票人： 销货单位：（章）

第三联 记账联

综表 35 中国农业银行托收承付凭证(收款通知)4

委托日期 12月9日

承付期限 年 月 日

业务类型	委托收款（□邮划 □电划） 托收承付（□邮划 □电划）																			
付款人	全称	河南胜利有限公司			收款人	全称	河南富洲黄河有限责任公司													
	账号	0200001040012267				账号	10200001040210573													
	地址	开封市玄武门35号	开户行	工行开封支行		地址	富洲市航海路8号	开户行	农行富洲支行											
委收金额	人民币(大写)壹拾肆万玖仟柒佰陆拾元整										千	百	十	万	千	百	十	元	角	分
													1	4	9	7	6	0	0	0
款项内容	货款			托收	合同		附寄单证张数	2												
商品发运情况	已发运				合同名称号码															
备注： 复核 记账	上述款项已划回收入你方账户内。 付款人开户银行签章 年 月 日																			

14.9 日,开出转账支票一张,支付销售上述产品的运杂费 5 550 元。见综表 36 和综表 37。

综表 36 中国农业银行转账支票

中国农业银行
转账支票存根
GX91410867

出票日期 年 月 日

收款人:	
金 额:	
用 途:	

单位主管 会计

中国农业银行转账支票 GX91410867

出票日期(大写) 年 月 日 付款行名称:

收款人: 出票人账号:

本支票付款期限十天

人民币(大写)	亿	千	百	十	万	千	百	十	元	角	分

用 途:

上列款项请从我账户内支付

出票人签章 复核 记账

富洲市黄河有限责任公司 91410102MA32156789 财务专用章

孙瑜

综表 37 河南增值税专用发票

4100164593 **河南增值税专用发票** No. 91415996

4100164593
91415996

河 南

发票联

校验码 68991 60947 08622 94561 开票日期: 2017 年 12 月 09 日

购货单位	名称: 河南省富洲市黄河有限责任公司 纳税人识别号:91410102MA32156789 地址、电话: 富洲市航海路 8 号、86668888 开户行及账号: 农行富洲支行 10200001040210573				密码区			
货物或应税劳务名称	规格型号	单位	数量	单价	金额	税率	税额	
*运输服务*运输费					5 000	11%	550	
合 计					¥5 000		¥550	
价税合计(大写)	伍仟伍佰伍拾元整				(小写)¥5 550.00			
销货单位	名称:富洲市第三运输公司 纳税人识别号: 91410102MA56987321 地址、电话: 富洲市金水路 36 号、68879877 开户行及账号: 中行富洲支行 30121321100020253866				备注	富洲市第三运输公司 91410102MA 56987321 发票专用章		

第二联 发票联

收款人: 复核: 开票人: 苏阳 销货单位: (章)

15.9 日,石磊出差回来,报销差旅费 2 940 元,交回现金 60 元,结清以前借款。见综表 38 和综表 39。

综表 38 收 据

NO. 100217

年 月 日

交款单位______________________收款方式__________

人民币（大写）______________________（小写）￥__________

收款事由______________________

年 月 日

收款人： 复核： 经办人： 单位：（章）

（印章：富润市黄河有限责任公司 91410102MA321567 财务专用章）

综表 39 差旅费结算单

2017 年 12 月 9 日

姓 名	石磊	出差详细地点	北京市	出差具体事由	会议	日期	12 月 3 日起 12 月 7 日止
乘火车费	自 站至 站		金额	706.00	说明：		
乘汽车费	自 站至 站		金额	134.00			
乘费	自 站至 站		金额				
行李运费	千克	每千克 元	金额				
出差补助	5 天	定额 180.00	金额	900.00			
旅馆费	4 天	单价 300.00	金额	1 200.00			
其他			金额				
合计金额	小写	￥2 940.00	单位负责人		孙瑜	出差人	石磊
	大写	贰仟玖佰肆拾元整					

16. 10 日，开出转账支票，支付河南迅达有限责任公司维修费 3 180 元（用于车间的机器设备的维修）。见综表 40 和综表 41。

综表 40 中国农业银行转账支票

中国农业银行
转账支票存根
GX91410868

出票日期 年 月 日
收款人：
金 额：
用 途：

单位主管 会计

中国农业银行转账支票 GX91410868

出票日期（大写） 年 月 日 付款行名称：
收款人： 出票人账号：

本支票付款期限十天

人民币（大写）	亿	千	百	十	万	千	百	十	元	角	分

用 途：__________

上列款项请从
我账户内支付

出票人签章（印章：富润市黄河有限责任公司 91410102MA 32156789 财务专用章）（印章：孙瑜） 复核 记账

综表 41　河南增值税专用票

4100164576　　**河南增值税专用发票**　　No. 9147654

4100164576
9147654

校验码 68991 60947 08622 95861　　发票联　　开票日期：2017 年 12 月 10 日

购货单位	名称：河南省富洲市黄河有限责任公司 纳税人识别号:91410102MA32156789 地址、电话：富洲市航海路 8 号、86668888 开户行及账号：农行富洲支行 10200001040210573				密码区			
货物或应税劳务名称	规格型号	单位	数量	单价	金额	税率	税额	
*劳务*维修费					3 000	6%	180	
合　　计					¥3 000		¥180	
价税合计（大写）	叁仟壹佰捌拾元整					（小写）¥3 180.00		
销货单位	名称：河南迅达有限责任公司 纳税人识别号：91410102MA56944441 地址、电话：富洲市大学路 28 号、62134667 开户行及账号：工行富洲支行 3012132110002020124				备注	河南迅达有限责任公司 91410102MA 56944441 发票专用章		

第二联 发票联

收款人：　　复核：　　开票人：郑好　　销货单位：（章）

17. 10 日，仓库发出 C 材料 100 千克，单价 10 元，其中车间领用 40 千克用于一般消耗；企业管理部门领用 60 千克用于维修。见综表 42 和综表 43。

综表 42　领　料　单

材料类别：

领料部门：　　　　发料仓库：

用　　途：　　　年　　月　　日　　　编　　号：

材料编号	材料名称	规格	单位	数量		单价	金额
				请领	实发		
合		计					

主管：　　记账：　　仓库保管：　　经办人：

综表 43　领　料　单

材料类别：

领料部门：　　　　发料仓库：

用　　途：　　　年　　月　　日　　　编　　号：

材料编号	材料名称	规格	单位	数量		单价	金额
				请领	实发		
合		计					

主管：　　记账：　　仓库保管：　　经办人：

18.12 日，开出转账支票给富洲市自来水有限公司，支付车间水费 1 332 元。见综表 44 和综表 45。

综表 44　河南增值税专用发票

4100166676　　**河南增值税专用发票**　　No. 9147653

4100166676
9147653

发票联

校验码 68991 60947 08622 95861　　开票日期：2017 年 12 月 12 日

购货单位	名称：河南省富洲市黄河有限责任公司 纳税人识别号:91410102MA32156789 地址、电话：富洲市航海路 8 号、86668888 开户行及账号：农行富洲支行 10200001040210573				密码区		
货物或应税劳务名称	规格型号	单位	数量	单价	金额	税率	税额
*水冰雪*自来水		吨	250	4.8	1 200	11%	132
合　计					¥1 200		¥132
价税合计（大写）	壹仟叁佰叁拾贰元整				（小写）¥1 332.00		
销货单位	名称：富洲市自来水有限公司 纳税人识别号：91410102MA56213789 地址、电话：富洲市丁香路 18 号、62144877 开户行及账号：工行富洲支行 3012132110002024567				备注	富洲市自来水有限公司 91410102MA 56213789 发票专用章	

第二联 发票联

收款人：　　复核：　　开票人：宋丽　　销货单位：（章）

综表 45　中国农业银行转账支票

中国农业银行 转账支票存根 GX91410869	**中国农业银行转账支票**　GX91410869
出票日期　年　月　日	出票日期（大写）　年　月　日　付款行名称：
收款人：	收款人：　出票人账号：
金　额：	本支票付款期限十天　人民币（大写）　亿 千 百 十 万 千 百 十 元 角 分
用　途：	用　途：
	上列款项请从我账户内支付　富洲市黄河有限责任公司 91410102MA 32156789 财务专用章　孙瑜
单位主管　会计	出票人签章　复核　记账

19.12 日，生产车间领用材料一批。其中：生产甲产品领用：A 材料 2 500 千克，单价 20 元，B 材料 700 千克，单价 30 元。生产乙产品领用：A 材料 1 700 千克，单价 20 元，C 材料 1 600 千克，单价 10 元。见综表 46 和综表 47。

综表 46 领 料 单

材料类别：
领料部门： 发料仓库：
用 途： 年 月 日 编 号：

材料编号	材料名称	规格	单位	数量		单价	金额
				请领	实发		
合	计						

主管： 记账： 仓库保管： 经办人：

综表 47 领 料 单

材料类别：
领料部门： 发料仓库：
用 途： 年 月 日 编 号：

材料编号	材料名称	规格	单位	数量		单价	金额
				请领	实发		
合	计						

主管： 记账： 仓库保管： 经办人：

20.14 日，开出转账支票一张给富洲市广播电视有限公司用于支付产品的广告费 5 300 元。见综表 48 和综表 49。

综表 48 河南增值税专用发票

4100166676 **河南增值税专用发票** No. 91415486

河南

发 票 联

4100166676
91415486

校验码 68991 60947 08622 95861 开票日期：2017 年 12 月 14 日

购货单位	名称：河南省富洲市黄河有限责任公司 纳税人识别号:91410102MA32156789 地址、电话：富洲市航海路 8 号、86668888 开户行及账号：农行富洲支行 10200001040210573			密码区			
货物或应税劳务名称	规格型号	单位	数量	单价	金额	税率	税额
*文化创意服务*广告费					5 000	6%	300
合 计					¥5 000		¥300
价税合计（大写）	伍仟叁佰元整				（小写）¥5 300.00		
销货单位	名称：富洲市广播电视有限公司 纳税人识别号：91410102MA76895312 地址、电话：富洲市花园路 88 号、65855557 开户行及账号：建行富洲支行 30121321100002025436			备注	富洲市广播电视有限公司 91410102MA 76895312 发票专用章		

第二联 发票联

收款人： 复核： 开票人：苏阳 销货单位：（章）

综表 49 中国农业银行转账支票

中国农业银行
转账支票存根
GX91410870

出票日期 年 月 日
收款人：
金 额：
用 途：
单位主管 会计

中国农业银行转账支票 GX91410870
出票日期（大写） 年 月 日 付款行名称：
收款人： 出票人账号：
本支票付款期限十天
人民币（大写） 亿 千 百 十 万 千 百 十 元 角 分
用 途：
上列款项请从我账户内支付
深圳市黄河有限责任公司 91410102MA32156789 财务专用章 孙瑜
出票人签章 复核 记账

21.15 日，开出现金支票，提取现金 158 000 元，备发工资。见综表 50。

综表 50 中国农业银行现金支票

中国农业银行
现金支票存根
GX91410762

出票日期 年 月 日
收款人：
金 额：
用 途：
单位主管 会计

中国农业银行现金支票 GX91410762
出票日期（大写） 年 月 日 付款行名称：
收款人： 出票人账号：
本支票付款期限十天
人民币（大写） 亿 千 百 十 万 千 百 十 元 角 分
用 途：
上列款项请从我账户内支付
深圳市黄河有限责任公司 91410102MA32156789 财务专用章 孙瑜
出票人签章 复核 记账

22.15 日，以现金 158 000 元，发放职工工资。见综表 51。

综表 51 工资结算表

12 月 15 日

部门		工资	备注
生产工人	甲产品	46 000	
	乙产品	59 000	
车间管理人员		25 000	
企业管理人员		28 000	
合 计		158 000	

主管： 记账： 复核： 制单：

23.18 日，销售给宏丹有限责任公司乙产品 300 件，单位售价 280 元，货款收到存入银行。见综表 52 至综表 54。

综表 52　河南增值税专用发票

4100168276　　**河南增值税专用发票**　　No. 91410062

4100168276
91410062

发票联

校验码 68991 60947 08622 95861　　开票日期：2017 年 12 月 18 日

购货单位	名称： 纳税人识别号： 地址、电话： 开户行及账号：				密码区		
货物或应税劳务名称	规格型号	单位	数量	单价	金额	税率	税额
合　计							
价税合计（大写）				（小写）¥			
销货单位	名称： 纳税人识别号： 地址、电话： 开户行及账号：				备注	富洲市黄河有限责任公司 91410102MA32156789 发票专用章	

收款人：　　复核：　　开票人：　　销货单位：（章）

第三联 记账联

综表 53　中国工商银行转账支票

中国工商银行转账支票　　GX914144227

出票日期（大写）贰零壹柒年壹拾贰月壹拾捌日　　付款行名称：中国工商银行高港支行

收款人：河南省富洲市黄河有限责任公司　　出票人账号：100042100047400112

本支票付款期限十天

人民币（大写）玖万捌仟贰佰捌拾元整	亿	千	百	十	万	千	百	十	元	角	分
				¥	9	8	2	8	0	0	0

用　途：货款

上列款项请从
我账户内支付

富洲市宏丹有限责任公司
91410102MA56876321
财务专用章

李丽

出票人签章　　复核　　记账

综表 54　中国农业银行　　进账单（收账通知）　1

年　月　日　　第　号

付款人	全　称		收款人	全　称	
	账　号			账　号	
	开户银行			开户银行	

人民币（大写）	千	百	十	万	千	百	十	元	角	分

票据种类		收款人开户银行盖章
票据张数		
会计　复核　记账		

24. 18 日，开出转账支票一张，支付销售给宏丹公司乙产品的运杂费 2 220 元。见综表 55 和综表 56。

综表 55 中国农业银行转账支票

中国农业银行 转账支票存根 GX91410871	中国农业银行转账支票 GX91410871
出票日期 年 月 日	出票日期（大写） 年 月 日 付款行名称： 收款人： 出票人账号：
收款人：	本支票付款期限十天
金 额：	人民币（大写） 亿 千 百 十 万 千 百 十 元 角 分
用 途：	用 途： 上列款项请从我账户内支付 出票人签章 富洲市黄河有限责任公司 91410102MA32156789 财务专用章 孙瑜 复核 记账
单位主管 会计	

综表 56 河南增值税专用发票

4100168279 河南增值税专用发票 No. 91416567

全国统一发票监制章 河南 国家税务总局监制

发票联

4100168279
91416567

校验码 68991 60947 08622 95861 开票日期：2017 年 12 月 18 日

购货单位	名称：河南省富洲市黄河有限责任公司 纳税人识别号：91410102MA32156789 地址、电话：富洲市航海路 8 号、86668888 开户行及账号：农行富洲支行 10200001040210573				密码区		
货物或应税劳务名称	规格型号	单位	数量	单价	金额	税率	税额
*运输服务*运输费					2 000	11%	220
合 计					￥2 000		￥220
价税合计（大写）	贰仟贰佰贰拾元整				（小写）￥2 220.00		
销货单位	名称：富洲市第三运输公司 纳税人识别号：91410102MA56987321 地址、电话：富洲市金水路 36 号、68877667 开户行及账号：中行富洲支行 3012132110002025386				备注	富洲市第三运输公司 91410102MA56987321 发票专用章	

第二联 发票联

收款人： 复核： 开票人：张曾 销货单位：（章）

25. 22 日，以银行存款 2 400 元，预付下年度的报纸订阅费。见综表 57 和综表 58。

综表 57　中国农业银行转账支票

中国农业银行 转账支票存根 GX91410872	中国农业银行转账支票　GX91410872
出票日期　年　月　日	出票日期（大写）　年　月　日　付款行名称：
收款人：	收款人：　出票人账号：
金　额：	本支票付款期限十天　人民币（大写）　亿 千 百 十 万 千 百 十 元 角 分
用　途：	用　途：
	上列款项请从我账户内支付
	出票人签章　富洲市黄河有限责任公司 91410102MA 32156789 财务专用章　孙瑜　复核　记账
单位主管　会计	

综表 58　中国邮政报刊收据

N_O0013459

户名：河南省富洲市黄河有限责任公司

地址：河南省富洲市航海路8号

报纸代号	报纸名称	起止定期	订阅份数	每份单价	共计款项
27-73	富洲日报	2018年全年	10	240	2 400.00
复核：		收款人：张江海		经办人：王培	

（印章：富洲报刊发行有限责任公司 91410102MA 98765321 财务专用章）

26.12 月 24 日在财产清查中，包装箱账存 3 100 个，实存 3 090 个，盘亏 10 个，计 100 元（不考虑增值税）。见综表 59 和综表 60。

综表 59　盘　存　单

单位名称：　　　　盘点时间：

财产类别：　　　　存放地点：

编号	名称	规格	计量单位	数量	单价	金额	备注
盘点人签章：				实物保管人签章：			

综表 60　实物清查结果报告表

财产类别：　　　　年　月　日

名称	计量单位	单价	账存		实存		对比结果				备注
							盘盈		盘亏		
			数量	金额	数量	金额	数量	金额	数量	金额	

27.29 日，开出转账支票一张 58 200 元，偿还上月欠河南长江有限公司的货款。见综表 61。

综表 61 中国农业银行转账支票

中国农业银行 转账支票存根 GX91410873	中国农业银行转账支票 GX91410873
	出票日期（大写） 年 月 日 付款行名称： 收款人： 出票人账号：
出票日期 年 月 日	本支票付款期限十天
收款人：	人民币（大写） 亿 千 百 十 万 千 百 十 元 角 分
金 额：	用 途：
用 途：	上列款项请从我账户内支付 富洲市黄河有限责任公司 91410102MA32156789 财务专用章 孙瑜 出票人签章 复核 记账
单位主管 会计	

28.30 日，开出转账支票一张 6 360 元，支付本月餐费。见综表 62 和综表 63。

综表 62 河南增值税专用发票

4100168289 河南增值税专用发票 No. 91416568

4100168289
91416568

发票联

校验码 68991 60947 08622 95865 开票日期：2017 年 12 月 30 日

购货单位	名称：河南省富洲市黄河有限责任公司 纳税人识别号:91410102MA32156789 地址、电话：富洲市航海路 8 号、86668888 开户行及账号：农行富洲支行 10200001040210573				密码区		
货物或应税劳务名称	规格型号	单位	数量	单价	金额	税率	税额
*餐饮服务*餐费					6 000	6%	360
合 计					￥6 000		￥360
价税合计（大写）	陆仟叁佰陆拾元整				（小写）￥6 360.00		
销货单位	名称:富洲市好思佳大酒店 纳税人识别号: 91410102MA67589321 地址、电话：富洲市黄河路 108 号、62121667 开户行及账号：工行富洲支行 3012132110002024776				备注	富洲市好思佳大酒店 91410102MA67589321 发票专用章	

第二联 发票联

收款人： 复核： 开票人：张曾 销货单位：（章）

综表 63　中国农业银行转账支票

中国农业银行
转账支票存根
GX91410874

出票日期　年　月　日
收款人：
金　额：
用　途：

单位主管　　会计

中国农业银行转账支票　　GX91410874

出票日期（大写）　年　月　日　　付款行名称：
收款人：　　出票人账号：

本支票付款期限十天

人民币（大写）	亿	千	百	十	万	千	百	十	元	角	分

用　途：______

上列款项请从
我账户内支付

[illegible]润市黄河有限责任公司
91410102MA
32156789
财务专用章

孙瑜

出票人签章　　复核　　记账

29. 30 日，经查明盘亏的包装箱属于正常范围内的合理损耗。见综表 64。

综表 64　周转材料盘亏审批表

盘点时间：12 月 24 日
盘亏金额：人民币壹佰元整（¥100.00）
盘亏原因：合理损耗
处理意见：根据公司财务制度规定转入管理费用
审批意见：同意
分管领导签字：管世伟

30. 31 日，分配本月份职工工资，其中：生产甲产品工人工资 46 000 元，生产乙产品工人工资 59 000 元，车间管理人员工资为 25 000 元，企业管理人员工资为 28 000 元。见综表 65。

综表 65　工资费用分配表

年　月　　　　单位：元

项目	基本生产成本			管理费用	制造费用	合 计
	甲产品	乙产品	小计			
工资						

主管：　　记账：　　复核：　　制单：

31. 31 日，计算本月应付职工食堂的伙食费 22 120 元，生产甲产品工人伙食费 6 440 元，生产乙产品工人伙食费 8 260 元，车间管理人员伙食费为 3 500 元，企业管理人员伙食费资为 3 920 元。见综表 66。

综表 66 食堂伙食费用分配表

年 月 单位：元

项目	基本生产成本			管理费用	制造费用	合 计
	甲产品	乙产品	小计			
伙食费						

主管： 记账： 复核： 制单：

32.31 日开出转账支票支付罚款 2 000 元。见综表 67 至综表 69。

综表 67 罚款通知单

受罚单位	河南省富洲市黄河有限责任公司			
工作内容	车间安全生产			
处罚原因及金额	根据《河南省安全生产条例》规定贵公司违反了第 34 条："为该规定对从业人员进行安全绳教育培训"现责令自收到罚款通知单之日起十日内改正，并处以罚款人民币 2 000 元。			
	罚款金额（大写）	贰仟元整		￥2 000.00
	验证人	张军	附件	
处罚单位	富洲市安全生产监督管理局		批准	李亮

综表 68 富洲市安全生产监督管理局专用收据

NO.0045

户名：河南省富洲市黄河有限责任公司 12 月 28 日

代号	业务类型	业务名称	金额						
			万	千	百	十	元	角	分
389	安全生产	罚款	￥	2	0	0	0	0	0
合计	人民币（大写）：贰千元整								

此联为报销凭证

综表 69　中国农业银转账支票

中国农业银行
转账支票存根
GX91410875

出票日期　年　月　日

收款人：	
金　额：	
用　途：	

单位主管　　会计

中国农业银行转账支票　　GX91410875

出票日期（大写）　年　月　日　　付款行名称：

收款人：　　出票人账号：

本支票付款期限十天

人民币（大写）	亿	千	百	十	万	千	百	十	元	角	分

用　途：

上列款项请从
我账户内支付

91410102MA
32156789
财务专用章

孙瑜

出票人签章　　复核　　记账

33. 31 日，进行现金盘点，实有现金为 3 760 元，账面金额为 4 060 元，发现现金短款 300 元，经查明由于出纳孙玉宝工作疏忽造成的。见综表 70 和综表 71。

综表 70　库存现金盘点报表

年　月　日

实存金额	账存金额	对比结果		备注
		盘盈	盘亏	

负责人签章：　　盘点人签章：　　出纳员签章：

综表 71　现金盘幸亏审批表

盘点时间：12 月 31 日
盘亏金额：人民币叁佰元整（￥300.00）
盘亏原因：出纳工作失职
处理意见：根据公司财务制度规定由出纳孙玉宝赔偿盘亏金额
审批意见：同意
分管领导签字：潘胜

34. 31 日，开出转账支票，支付本季度银行借款利息共 11 250 元，已预提 7 500 元。收款单位：中国农业银行富洲支行。见综表 72 和综表 73。

综表 72　中国农业银行转账支票

中国农业银行 转账支票存根 GX91410876	中国农业银行转账支票　GX91410876
	出票日期（大写）　年　月　日　付款行名称： 收款人：　出票人账号：
	本支票付款期限十天
	人民币（大写）　亿 千 百 十 万 千 百 十 元 角 分
出票日期　年　月　日	用　途：
收款人：	上列款项请从 我账户内支付
金　额：	富洲市黄河有限责任公司 91410102MA 32156789 财务专用章　孙瑜
用　途：	出票人签章　复核　记账
单位主管　会计	

综表 73　银行借款利息计算表

12 月 31 日

借款种类	本金	年利率	本月应计利息	备注(已预提)
长期借款	600 000	6%	3 000	6 000
短期借款	180 000	5%	750	1 500
合计			3 750	7 500

主管：　　记账：　　仓库保管：　　经办人：

35. 31 日，根据银行对账单编制银行存款余额调节表。见综表 74 和综表 75。

综表 74　中国农业银行富洲市支行对账单

户名：河南省富洲市黄河有限责任公司　　日期：2017/12/31　　账号：10200001040210500

年		摘要	结算类型	借方发生额	贷方发生额	余额
月	日					
12	1	期初余额				197 000
	1	投资款	转支		500 000	697 000
	3	备用金	现支	3 000		694 000
	3	货款	转支	36 000		658 000
	5	货款	转支	1 500		656 500
	6	货款	转支	1 170		655 330
	6	税款	转支	9 600		645 730
	7	货款	转支	51 480		594 250
	8	货款	转支		21 000	615 250
	9	货款	转支	56 000		559 250
	9	货款	电汇	25 800		533 450

续综表 74

年		摘要	结算类型	借方发生额	贷方发生额	余额
月	日					
	9	货款	委托收款		194 220	727 670
	9	货款	转支	5 550		722 120
	10	维修费	转支	3 180		718 940
	13	水费	转支	1 332		717 608
	15	广告费	转支	5 300		712 308
	16	工资	现支	158 000		554 308
	18	货款	其他		98 280	652 588
	18	运杂费	转支	2 220		650 368
	22	报刊费	转支	2 400		647 968
	29	货款	转支	58 200		589 768
	30	货款	委托收款		45 000	634 768
	31	罚款	转支	2 000		632 768
	31	利息	其他	11 250		621 518

综表 75　银行存款余额调节表

年　月　日

项　目	金　额	项　目	金　额
银行存款日记账余额		银行对账单余额	
调节后存款的余额		调节后存款的余额	

36. 31 日，计算本月应计提的固定资产折旧额 24 045 元，其中：车间用固定资产应提折旧 18 000 元，企业管理部门应计提折旧 6 045 元。见综表 76。

综表 76　固定资产折旧计算表

12 月 31 日

使用部门	本月应计折旧固定资产原值	折旧率	折旧额
车间	1 680 000	1.0%	16 800
	240 000	0.5%	1 200
行政管理部门	320 000	1.5%	4 800
	249 000	0.5%	1 245
合计	2 489 000		24 045

主管：　　　　　记账：　　　　　复核：　　　　　制单：

37.31 日，结转本月制造费用，按甲、乙产品生产工人工资比例分配(制造费用分配率保留到小数点后的四位数)。见综表 77。

综表 77　制造费用分配表

年　月　日　　　　单位:元

产品名称	分配标准	分配率	分配金额
甲产品			
乙产品			
合计			

主管:　　　　记账:　　　　复核:　　　　制单:

38.31 日，本月车间里所有的甲产品和乙产品全部完工，结转其实际成本。(甲产品共完工 1 957 件，乙产品完工 933 件)见综表 78 至综表 80。

综表 78　产品成本计算单

产成品:1 957 件

产品名称:甲产品　　　　在产品:0 件

摘要	直接材料	直接人工	制造费用	合 计
月初在产品成本				
本月发生生产费用				
生产费用合计				

主管:　　　　记账:　　　　复核:　　　　制单:

综表 79　产品成本计算单

产成品:933 件

产品名称:乙产品　　　　在产品:0 件

摘要	直接材料	直接人工	制造费用	合计
月初在产品成本				
本月发生生产费用				
生产费用合计				

主管:　　　　记账:　　　　复核:　　　　制单:

综表 80　产品成本计算表

年　月　日　　　　单位:元

成本项目	甲产品		乙产品	
	总成本	单位成本	总成本	单位成本
直接材料				
直接人工				
制造费用				
合 计				

主管:　　　　记账:　　　　复核:　　　　制单:

39.31日,结转本月已售甲、乙产品的销售成本。见综表81。

综表81 产品销售成本计算表

年 月 日 单位:元

产品名称	期初		本期入库		加权平均单位成本	发出		库存	
	数量	总成本	数量	总成本		数量	总成本	数量	总成本
合 计									

主管: 记账: 复核: 制单:

40.31日,计算本月应纳增值税、消费税、城市维护建设税、教育费附加、地方教育费附加。见综表82至综表84。

综表82 消费税计算表

年 月 日 单位:元

项 目	计税依据	适用税率	税 额	备 注
应交消费税				
合 计				

主管: 记账: 复核: 制单:

综表83 城市维护建设税计算表

年 月 日 单位:元

项 目	计税依据	征收率	征收额	备 注
应交城市维护建设税				
合 计				

主管: 记账: 复核: 制单:

综表84 教育费附加计算表

年 月 日 单位:元

项 目	计税依据	征收率	征收额	备 注
应交教育费附加				
应交地方教育费附加				
合 计				

主管: 记账: 复核: 制单:

41.31日,将各损益类账户余额转入“本年利润”账户。见综表85。

综表 85 利润计算表

年 月 日 单位:元

收入账户	贷方发生额	支出账户	借方发生额
主营业务收入		主营业务成本	
投资收益		税金及附加	
其他业务收入		管理费用	
营业外收入		销售费用	
		财务费用	
		其他业务成本	
		营业外支出	
合 计		合 计	

主管: 记账: 复核: 制单:

42. 31 日,根据本月利润总额(视同应纳税所得额)计算应交所得税,并结转本月的所得税费用。见综表 86。

综表 86 所得税计算表

年 月 日 单位:元

项 目	计税依据	税 率	税 额	备 注
合 计				

主管: 记账: 复核: 制单:

43. 31 日,将本年利润账户转入利润分配。

44. 31 日,按全年税后利润的 10%提取法定盈余公积金、10%提取任意盈余公积金。见综表 87。

综表 87 利润分配计算表

2017 年 12 月 31 日

项 目	税后利润	计提比例	分配金额	备 注
法定盈余公积				
任意盈余公积				
合 计				

主管: 记账: 复核: 制单:

45.31 日，经股东会议决定，按全年税后利润的 25% 向投资者分配利润。见综表 88。

综表 88　利润分配计算表

年　月　日

项　目	税后利润	计提比例	分配金额	备　注
应付股利(单位:元)				
合　计				

主管：　　　　记账：　　　　复核：　　　　制单：

46.31 日，将利润分配的各明细账户余额转入“利润分配——未分配利润”。

六、实训所需要材料(记账凭证、会计账簿、会计报表等)

(一)记账凭证

见综表 89 至综表 138。

综表 89　记　账　凭　证

年　月　日　　　　______字第____号

摘　要	总账科目	明细科目	借方金额									记账符号	贷方金额								
			百	十	万	千	百	十	元	角	分		百	十	万	千	百	十	元	角	分

附单据　张

会计主管　　　　记账　　　　复核　　　　出纳　　　　制证

综表 90　记　账　凭　证

年　月　日　　　　______字第____号

摘　要	总账科目	明细科目	借方金额									记账符号	贷方金额								
			百	十	万	千	百	十	元	角	分		百	十	万	千	百	十	元	角	分

附单据　张

会计主管　　　　记账　　　　复核　　　　出纳　　　　制证

综表 91 记　账　凭　证

年　月　日　　　　　　　　　　　　______字第____号

摘　要	总账科目	明细科目	借方金额									记账符号	贷方金额								
			百	十	万	千	百	十	元	角	分		百	十	万	千	百	十	元	角	分

附单据　张

会计主管　　　　记账　　　　复核　　　　出纳　　　　制证

综表 92 记　账　凭　证

年　月　日　　　　　　　　　　　　______字第____号

摘　要	总账科目	明细科目	借方金额									记账符号	贷方金额								
			百	十	万	千	百	十	元	角	分		百	十	万	千	百	十	元	角	分

附单据　张

会计主管　　　　记账　　　　复核　　　　出纳　　　　制证

综表 93 记　账　凭　证

年　月　日　　　　　　　　　　　　______字第____号

摘　要	总账科目	明细科目	借方金额									记账符号	贷方金额								
			百	十	万	千	百	十	元	角	分		百	十	万	千	百	十	元	角	分

附单据　张

会计主管　　　　记账　　　　复核　　　　出纳　　　　制证

综表 94 记 账 凭 证

年 月 日 ______字第____号

摘要	总账科目	明细科目	借方金额									记账符号	贷方金额								
			百	十	万	千	百	十	元	角	分		百	十	万	千	百	十	元	角	分

附单据 张

会计主管 记账 复核 出纳 制证

综表 95 记 账 凭 证

年 月 日 ______字第____号

摘要	总账科目	明细科目	借方金额									记账符号	贷方金额								
			百	十	万	千	百	十	元	角	分		百	十	万	千	百	十	元	角	分

附单据 张

会计主管 记账 复核 出纳 制证

综表 96 记 账 凭 证

年 月 日 ______字第____号

摘要	总账科目	明细科目	借方金额									记账符号	贷方金额								
			百	十	万	千	百	十	元	角	分		百	十	万	千	百	十	元	角	分

附单据 张

会计主管 记账 复核 出纳 制证

综表97 记 账 凭 证

年 月 日 ______字第____号

摘 要	总账科目	明细科目	借方金额									记账符号	贷方金额								
			百	十	万	千	百	十	元	角	分		百	十	万	千	百	十	元	角	分

附单据 张

会计主管 记账 复核 出纳 制证

综表98 记 账 凭 证

年 月 日 ______字第____号

摘 要	总账科目	明细科目	借方金额									记账符号	贷方金额								
			百	十	万	千	百	十	元	角	分		百	十	万	千	百	十	元	角	分

附单据 张

会计主管 记账 复核 出纳 制证

综表99 记 账 凭 证

年 月 日 ______字第____号

摘 要	总账科目	明细科目	借方金额									记账符号	贷方金额								
			百	十	万	千	百	十	元	角	分		百	十	万	千	百	十	元	角	分

附单据 张

会计主管 记账 复核 出纳 制证

综表 100　记　账　凭　证

年　月　日　　　　______字第____号

摘　要	总账科目	明细科目	借方金额									记账符号	贷方金额								
			百	十	万	千	百	十	元	角	分		百	十	万	千	百	十	元	角	分

附单据　张

会计主管　　记账　　复核　　出纳　　制证

综表 101　记　账　凭　证

年　月　日　　　　______字第____号

摘　要	总账科目	明细科目	借方金额									记账符号	贷方金额								
			百	十	万	千	百	十	元	角	分		百	十	万	千	百	十	元	角	分

附单据　张

会计主管　　记账　　复核　　出纳　　制证

综表 102　记　账　凭　证

年　月　日　　　　______字第____号

摘　要	总账科目	明细科目	借方金额									记账符号	贷方金额								
			百	十	万	千	百	十	元	角	分		百	十	万	千	百	十	元	角	分

附单据　张

会计主管　　记账　　复核　　出纳　　制证

综表 103 记 账 凭 证

年 月 日　　　　　　　　　　　　　　　　　　______字第____号

摘 要	总账科目	明细科目	借方金额									记账符号	贷方金额								
			百	十	万	千	百	十	元	角	分		百	十	万	千	百	十	元	角	分

附单据 张

会计主管　　　　记账　　　　复核　　　　出纳　　　　制证

综表 104 记 账 凭 证

年 月 日　　　　　　　　　　　　　　　　　　______字第____号

摘 要	总账科目	明细科目	借方金额									记账符号	贷方金额								
			百	十	万	千	百	十	元	角	分		百	十	万	千	百	十	元	角	分

附单据 张

会计主管　　　　记账　　　　复核　　　　出纳　　　　制证

综表 105 记 账 凭 证

年 月 日　　　　　　　　　　　　　　　　　　______字第____号

摘 要	总账科目	明细科目	借方金额									记账符号	贷方金额								
			百	十	万	千	百	十	元	角	分		百	十	万	千	百	十	元	角	分

附单据 张

会计主管　　　　记账　　　　复核　　　　出纳　　　　制证

综表 106　记　　账　　凭　　证

年　　月　　日　　　　　　　　______字第____号

摘　　要	总账科目	明细科目	借方金额									记账符号	贷方金额								
			百	十	万	千	百	十	元	角	分		百	十	万	千	百	十	元	角	分

附单据　　张

会计主管　　　　记账　　　　复核　　　　出纳　　　　制证

综表 107　记　　账　　凭　　证

年　　月　　日　　　　　　　　______字第____号

摘　　要	总账科目	明细科目	借方金额									记账符号	贷方金额								
			百	十	万	千	百	十	元	角	分		百	十	万	千	百	十	元	角	分

附单据　　张

会计主管　　　　记账　　　　复核　　　　出纳　　　　制证

综表 108　记　　账　　凭　　证

年　　月　　日　　　　　　　　______字第____号

摘　　要	总账科目	明细科目	借方金额									记账符号	贷方金额								
			百	十	万	千	百	十	元	角	分		百	十	万	千	百	十	元	角	分

附单据　　张

会计主管　　　　记账　　　　复核　　　　出纳　　　　制证

综表 109 记 账 凭 证

年 月 日 ______字第____号

摘要	总账科目	明细科目	借方金额									记账符号	贷方金额								
			百	十	万	千	百	十	元	角	分		百	十	万	千	百	十	元	角	分

附单据 张

会计主管 记账 复核 出纳 制证

综表 110 记 账 凭 证

年 月 日 ______字第____号

摘要	总账科目	明细科目	借方金额									记账符号	贷方金额								
			百	十	万	千	百	十	元	角	分		百	十	万	千	百	十	元	角	分

附单据 张

会计主管 记账 复核 出纳 制证

综表 111 记 账 凭 证

年 月 日 ______字第____号

摘要	总账科目	明细科目	借方金额									记账符号	贷方金额								
			百	十	万	千	百	十	元	角	分		百	十	万	千	百	十	元	角	分

附单据 张

会计主管 记账 复核 出纳 制证

综表 112 记 账 凭 证

年 月 日 ______字第____号

摘要	总账科目	明细科目	借方金额									记账符号	贷方金额								
			百	十	万	千	百	十	元	角	分		百	十	万	千	百	十	元	角	分

附单据 张

会计主管 记账 复核 出纳 制证

综表 113 记 账 凭 证

年 月 日 ______字第____号

摘要	总账科目	明细科目	借方金额									记账符号	贷方金额								
			百	十	万	千	百	十	元	角	分		百	十	万	千	百	十	元	角	分

附单据 张

会计主管 记账 复核 出纳 制证

综表 114 记 账 凭 证

年 月 日 ______字第____号

摘要	总账科目	明细科目	借方金额									记账符号	贷方金额								
			百	十	万	千	百	十	元	角	分		百	十	万	千	百	十	元	角	分

附单据 张

会计主管 记账 复核 出纳 制证

综表115 记 账 凭 证

年 月 日 ______字第____号

摘要	总账科目	明细科目	借方金额									记账符号	贷方金额								
			百	十	万	千	百	十	元	角	分		百	十	万	千	百	十	元	角	分

附单据 张

会计主管 记账 复核 出纳 制证

综表116 记 账 凭 证

年 月 日 ______字第____号

摘要	总账科目	明细科目	借方金额									记账符号	贷方金额								
			百	十	万	千	百	十	元	角	分		百	十	万	千	百	十	元	角	分

附单据 张

会计主管 记账 复核 出纳 制证

综表117 记 账 凭 证

年 月 日 ______字第____号

摘要	总账科目	明细科目	借方金额									记账符号	贷方金额								
			百	十	万	千	百	十	元	角	分		百	十	万	千	百	十	元	角	分

附单据 张

会计主管 记账 复核 出纳 制证

综表 118 记 账 凭 证

年 月 日 ______字第____号

摘要	总账科目	明细科目	借方金额									记账符号	贷方金额								
			百	十	万	千	百	十	元	角	分		百	十	万	千	百	十	元	角	分

附单据 张

会计主管 记账 复核 出纳 制证

综表 119 记 账 凭 证

年 月 日 ______字第____号

摘要	总账科目	明细科目	借方金额									记账符号	贷方金额								
			百	十	万	千	百	十	元	角	分		百	十	万	千	百	十	元	角	分

附单据 张

会计主管 记账 复核 出纳 制证

综表 120 记 账 凭 证

年 月 日 ______字第____号

摘要	总账科目	明细科目	借方金额									记账符号	贷方金额								
			百	十	万	千	百	十	元	角	分		百	十	万	千	百	十	元	角	分

附单据 张

会计主管 记账 复核 出纳 制证

综表 121 记 账 凭 证

年 月 日 ______字第____号

摘 要	总账科目	明细科目	借方金额									记账符号	贷方金额								
			百	十	万	千	百	十	元	角	分		百	十	万	千	百	十	元	角	分

附单据 张

会计主管 记账 复核 出纳 制证

综表 122 记 账 凭 证

年 月 日 ______字第____号

摘 要	总账科目	明细科目	借方金额									记账符号	贷方金额								
			百	十	万	千	百	十	元	角	分		百	十	万	千	百	十	元	角	分

附单据 张

会计主管 记账 复核 出纳 制证

综表 123 记 账 凭 证

年 月 日 ______字第____号

摘 要	总账科目	明细科目	借方金额									记账符号	贷方金额								
			百	十	万	千	百	十	元	角	分		百	十	万	千	百	十	元	角	分

附单据 张

会计主管 记账 复核 出纳 制证

综表 124　记　账　凭　证

年　　月　　日　　　　　　　　　　　　________字第____号

摘　要	总账科目	明细科目	借方金额									记账符号	贷方金额								
			百	十	万	千	百	十	元	角	分		百	十	万	千	百	十	元	角	分

附单据　张

会计主管　　　　记账　　　　复核　　　　出纳　　　　制证

综表 125　记　账　凭　证

年　　月　　日　　　　　　　　　　　　________字第____号

摘　要	总账科目	明细科目	借方金额									记账符号	贷方金额								
			百	十	万	千	百	十	元	角	分		百	十	万	千	百	十	元	角	分

附单据　张

会计主管　　　　记账　　　　复核　　　　出纳　　　　制证

综表 126　记　账　凭　证

年　　月　　日　　　　　　　　　　　　________字第____号

摘　要	总账科目	明细科目	借方金额									记账符号	贷方金额								
			百	十	万	千	百	十	元	角	分		百	十	万	千	百	十	元	角	分

附单据　张

会计主管　　　　记账　　　　复核　　　　出纳　　　　制证

综表 127　记　　账　　凭　　证

年　　月　　日　　　　　　　　＿＿＿字第＿＿号

摘　要	总账科目	明细科目	借方金额									记账符号	贷方金额								
			百	十	万	千	百	十	元	角	分		百	十	万	千	百	十	元	角	分

附单据　　张

会计主管　　　　记账　　　　复核　　　　出纳　　　　制证

综表 128　记　　账　　凭　　证

年　　月　　日　　　　　　　　＿＿＿字第＿＿号

摘　要	总账科目	明细科目	借方金额									记账符号	贷方金额								
			百	十	万	千	百	十	元	角	分		百	十	万	千	百	十	元	角	分

附单据　　张

会计主管　　　　记账　　　　复核　　　　出纳　　　　制证

综表 129　记　　账　　凭　　证

年　　月　　日　　　　　　　　＿＿＿字第＿＿号

摘　要	总账科目	明细科目	借方金额									记账符号	贷方金额								
			百	十	万	千	百	十	元	角	分		百	十	万	千	百	十	元	角	分

附单据　　张

会计主管　　　　记账　　　　复核　　　　出纳　　　　制证

综表 130　记　　账　　凭　　证

年　　月　　日　　　　　　　　＿＿＿字第＿＿号

摘　　要	总账科目	明细科目	借方金额									记账符号	贷方金额								
			百	十	万	千	百	十	元	角	分		百	十	万	千	百	十	元	角	分

附单据　　张

会计主管　　　　记账　　　　复核　　　　出纳　　　　制证

综表 131　记　　账　　凭　　证

年　　月　　日　　　　　　　　＿＿＿字第＿＿号

摘　　要	总账科目	明细科目	借方金额									记账符号	贷方金额								
			百	十	万	千	百	十	元	角	分		百	十	万	千	百	十	元	角	分

附单据　　张

会计主管　　　　记账　　　　复核　　　　出纳　　　　制证

综表 132　记　　账　　凭　　证

年　　月　　日　　　　　　　　＿＿＿字第＿＿号

摘　　要	总账科目	明细科目	借方金额									记账符号	贷方金额								
			百	十	万	千	百	十	元	角	分		百	十	万	千	百	十	元	角	分

附单据　　张

会计主管　　　　记账　　　　复核　　　　出纳　　　　制证

综表 133　记　账　凭　证

年　　月　　日　　　　　　　　______字第____号

摘　要	总账科目	明细科目	借方金额									记账符号	贷方金额								
			百	十	万	千	百	十	元	角	分		百	十	万	千	百	十	元	角	分

附单据　张

会计主管　　　　记账　　　　复核　　　　出纳　　　　制证

综表 134　记　账　凭　证

年　　月　　日　　　　　　　　______字第____号

摘　要	总账科目	明细科目	借方金额									记账符号	贷方金额								
			百	十	万	千	百	十	元	角	分		百	十	万	千	百	十	元	角	分

附单据　张

会计主管　　　　记账　　　　复核　　　　出纳　　　　制证

综表 135　记　账　凭　证

年　　月　　日　　　　　　　　______字第____号

摘　要	总账科目	明细科目	借方金额									记账符号	贷方金额								
			百	十	万	千	百	十	元	角	分		百	十	万	千	百	十	元	角	分

附单据　张

会计主管　　　　记账　　　　复核　　　　出纳　　　　制证

综表 136 记 账 凭 证

年 月 日 ______字第____号

摘　要	总账科目	明细科目	借方金额									记账符号	贷方金额								
			百	十	万	千	百	十	元	角	分		百	十	万	千	百	十	元	角	分

附单据　张

会计主管　记账　复核　出纳　制证

综表 137 记 账 凭 证

年 月 日 ______字第____号

摘　要	总账科目	明细科目	借方金额									记账符号	贷方金额								
			百	十	万	千	百	十	元	角	分		百	十	万	千	百	十	元	角	分

附单据　张

会计主管　记账　复核　出纳　制证

综表 138 记 账 凭 证

年 月 日 ______字第____号

摘　要	总账科目	明细科目	借方金额									记账符号	贷方金额								
			百	十	万	千	百	十	元	角	分		百	十	万	千	百	十	元	角	分

附单据　张

会计主管　记账　复核　出纳　制证

(二)日记账

见综表139至综表140。

综表 139 现金日记账

年		凭证字号	对方科目	摘　要	借方	贷　方	余　额
月	日						

综表 140 银行存款日记账

年		凭证字号	对方科目	摘　要	借方	贷　方	余　额
月	日						

(三)各种明细分类账

见综表142至综表163。

综表 141 应收账款明细账

明细科目：

年		凭证字号	摘　要	借　方	贷　方	借或贷	余　额
月	日						

综表 142　应收账款明细账

明细科目：

年		凭证字号	摘　要	借　方	贷　方	借或贷	余　额
月	日						

综表 143　应收账款明细账

明细科目：

年		凭证字号	摘　要	借　方	贷　方	借或贷	余　额
月	日						

综表 144　应收账款明细账

明细科目：

年		凭证字号	摘　要	借　方	贷　方	借或贷	余　额
月	日						

综表 145　其他应收款明细账

明细科目：

年		凭证字号	摘 要	借 方	贷 方	借或贷	余 额
月	日						

综表 146　其他应收款明细账

明细科目：

年		凭证字号	摘 要	借 方	贷 方	借或贷	余 额
月	日						

综表 147　应付账款明细账

明细科目：

年		凭证字号	摘 要	借 方	贷 方	借或贷	余 额
月	日						

综表 148　应付账款明细账

明细科目：

年		凭证字号	摘　要	借　方	贷　方	借或贷	余　额
月	日						

综表 149　应付账款明细账

明细科目：

年		凭证字号	摘　要	借　方	贷　方	借或贷	余　额
月	日						

综表 150　应交税费明细账

明细科目：

年		凭证字号	摘　要	借　方	贷　方	借或贷	余　额
月	日						

综表 151　应交税费明细账

明细科目：

年		凭证字号	摘　要	借　方	贷　方	借或贷	余　额
月	日						

综表 152　应交税费明细账

明细科目：

年		凭证字号	摘　要	借　方	贷　方	借或贷	余　额
月	日						

综表 153　应交税费明细账

明细科目：

年		凭证字号	摘　要	借　方	贷　方	借或贷	余　额
月	日						

综表 154 原材料明细账

材料名称：

年		凭证字号	摘 要	收 入			发 出			结 存		
月	日			数量	单价	金额	数量	单价	金额	数量	单价	金额

综表 155 原材料明细账

材料名称：

年		凭证字号	摘 要	收 入			发 出			结 存		
月	日			数量	单价	金额	数量	单价	金额	数量	单价	金额

综表 156 原材料明细账

材料名称：

年		凭证字号	摘 要	收 入			发 出			结 存		
月	日			数量	单价	金额	数量	单价	金额	数量	单价	金额

综表 157　库存商品明细账

商品名称：

年		凭证字号	摘　要	收　入			发　出			结　存		
月	日			数量	单价	金额	数量	单价	金额	数量	单价	金额

综表 158　库存商品明细账

商品名称：

年		凭证字号	摘　要	收　入			发　出			结　存		
月	日			数量	单价	金额	数量	单价	金额	数量	单价	金额

综表 159　管理费用明细账

年		凭证字号	摘　要	项　目								
月	日			工资	其他人工费用	折旧费	修理费	水电费	办公费	差旅费	其他	合计

综表 160　制造费用明细账

年		凭证字号	摘　要	项　目								
月	日			工资	其他人工费用	折旧费	修理费	水电费	办公费	差旅费	其他	合计

综表 161　生产成本明细账

产品名称：

年		凭证字号	摘　要	借　方			
月	日			直接材料	直接人工	制造费用	余额

综表 162　生产成本明细账

产品名称：

年		凭证字号	摘　要	借　方			
月	日			直接材料	直接人工	制造费用	余额

(四)科目汇总表

见综表163和综表164。

综表163　科目汇总表

编制单位：　　　　　　　　　　　　年　月　日　　　　　　　　　　　　汇总　　号

账户名称	账页	本期发生额		记账凭证起讫编号
		借方	贷方	

综表164　科目汇总表

编制单位：　　　　　　　　　　　　年　月　日　　　　　　　　　　　　汇总　　号

账户名称	账页	本期发生额		记账凭证起讫编号
		借方	贷方	

续综表 164

账户名称	账页	本期发生额		记账凭证起讫编号
		借方	贷方	

(五)总分类账

见综表 165 至综表 209。

综表 165　总分类账

账户名称：

年		凭证字号	摘　要	借　方	贷　方	借或贷	余　额
月	日						

综表 166　总分类账

账户名称：

年		凭证字号	摘　要	借　方	贷　方	借或贷	余　额
月	日						

综表 167 总分类账

账户名称：

年		凭证字号	摘 要	借 方	贷 方	借或贷	余 额
月	日						

综表 168 总分类账

账户名称：

年		凭证字号	摘 要	借 方	贷 方	借或贷	余 额
月	日						

综表 169 总分类账

账户名称：

年		凭证字号	摘 要	借 方	贷 方	借或贷	余 额
月	日						

综表 170　总分类账

账户名称：

年		凭证字号	摘　要	借　方	贷　方	借或贷	余　额
月	日						

综表 171　总分类账

账户名称：

年		凭证字号	摘　要	借　方	贷　方	借或贷	余　额
月	日						

综表 172　总分类账

账户名称：

年		凭证字号	摘　要	借　方	贷　方	借或贷	余　额
月	日						

综表 173 总分类账

账户名称：

年		凭证字号	摘 要	借 方	贷 方	借或贷	余 额
月	日						

综表 174 总分类账

账户名称：

年		凭证字号	摘 要	借 方	贷 方	借或贷	余 额
月	日						

综表 175 总分类账

账户名称：

年		凭证字号	摘 要	借 方	贷 方	借或贷	余 额
月	日						

综表 176 总分类账

账户名称：

年		凭证字号	摘要	借方	贷方	借或贷	余额
月	日						

综表 177 总分类账

账户名称：

年		凭证字号	摘要	借方	贷方	借或贷	余额
月	日						

综表 178 总分类账

账户名称：

年		凭证字号	摘要	借方	贷方	借或贷	余额
月	日						

综表 179　总分类账

账户名称：

年		凭证字号	摘　要	借　方	贷　方	借或贷	余　额
月	日						

综表 180　总分类账

账户名称：

年		凭证字号	摘　要	借　方	贷　方	借或贷	余　额
月	日						

综表 181　总分类账

账户名称：

年		凭证字号	摘　要	借　方	贷　方	借或贷	余　额
月	日						

综表 182　总分类账

账户名称：

年		凭证字号	摘　要	借　方	贷　方	借或贷	余　额
月	日						

综表 183　总分类账

账户名称：

年		凭证字号	摘　要	借　方	贷　方	借或贷	余　额
月	日						

综表 184　总分类账

账户名称：

年		凭证字号	摘　要	借　方	贷　方	借或贷	余　额
月	日						

综表 185 总分类账

账户名称：

年		凭证字号	摘 要	借 方	贷 方	借或贷	余 额
月	日						

综表 186 总分类账

账户名称：

年		凭证字号	摘 要	借 方	贷 方	借或贷	余 额
月	日						

综表 187 总分类账

账户名称：

年		凭证字号	摘 要	借 方	贷 方	借或贷	余 额
月	日						

综表 188　总分类账

账户名称：

年		凭证字号	摘　要	借　方	贷　方	借或贷	余　额
月	日						

综表 189　总分类账

账户名称：

年		凭证字号	摘　要	借　方	贷　方	借或贷	余　额
月	日						

综表 190　总分类账

账户名称：

年		凭证字号	摘　要	借　方	贷　方	借或贷	余　额
月	日						

综表 191 总分类账

账户名称：

年		凭证字号	摘要	借方	贷方	借或贷	余额
月	日						

综表 192 总分类账

账户名称：

年		凭证字号	摘要	借方	贷方	借或贷	余额
月	日						

综表 193 总分类账

账户名称：

年		凭证字号	摘要	借方	贷方	借或贷	余额
月	日						

综表 194　总分类账

账户名称：

年		凭证字号	摘　要	借　方	贷　方	借或贷	余　额
月	日						

综表 195　总分类账

账户名称：

年		凭证字号	摘　要	借　方	贷　方	借或贷	余　额
月	日						

综表 196　总分类账

账户名称：

年		凭证字号	摘　要	借　方	贷　方	借或贷	余　额
月	日						

综表 197 总分类账

账户名称：

年		凭证字号	摘 要	借 方	贷 方	借或贷	余 额
月	日						

综表 198 总分类账

账户名称：

年		凭证字号	摘 要	借 方	贷 方	借或贷	余 额
月	日						

综表 199 总分类账

账户名称：

年		凭证字号	摘 要	借 方	贷 方	借或贷	余 额
月	日						

综表 200　总分类账

账户名称：

年		凭证字号	摘　要	借　方	贷　方	借或贷	余　额
月	日						

综表 201　总分类账

账户名称：

年		凭证字号	摘　要	借　方	贷　方	借或贷	余　额
月	日						

综表 202　总分类账

账户名称：

年		凭证字号	摘　要	借　方	贷　方	借或贷	余　额
月	日						

综表 203 总分类账

账户名称：

年		凭证字号	摘 要	借 方	贷 方	借或贷	余 额
月	日						

综表 204 总分类账

账户名称：

年		凭证字号	摘 要	借 方	贷 方	借或贷	余 额
月	日						

综表 205 总分类账

账户名称：

年		凭证字号	摘 要	借 方	贷 方	借或贷	余 额
月	日						

综表 206　总分类账

账户名称：

年		凭证字号	摘　要	借　方	贷　方	借或贷	余　额
月	日						

综表 207　总分类账

账户名称：

年		凭证字号	摘　要	借　方	贷　方	借或贷	余　额
月	日						

综表 208　总分类账

账户名称：

年		凭证字号	摘　要	借　方	贷　方	借或贷	余　额
月	日						

综表 209 总分类账

账户名称：

年		凭证字号	摘　要	借　方	贷　方	借或贷	余　额
月	日						

(六)会计报表

见综表 210 至综表 211。

综表 210 资产负债表(账户式)

会企 01 表

编制单位：　　　　　　______年____月____日　　　　　　单位:元

资　产	期末余额	年初余额	负债和所有者权益（或股东权益）	期末余额	年初余额
流动资产：			流动负债：		
货币资金			短期借款		
以公允价值计量且其变动计入当期损益的金融资产			以公允价值计量且其变动计入当期损益的金融负债		
衍生金融资产			衍生金融负债		
应收票据及应收账款			应付票据及应付账款		
预付款项			预收款项		
其他应收款			应付职工薪酬		
存货			应交税费		
持有待售资产			其他应付款		
一年内到期的非流动资产			持有待售负债		
其他流动资产			一年内到期的非流动负债		
流动资产合计			其他流动负债		
非流动资产：			流动负债合计		
可供出售金融资产			非流动负债：		
持有至到期投资			长期借款		
长期应收款			应付债券		
长期股权投资			其中:优先股		
投资性房地产			永续债		
固定资产			长期应付款		
在建工程			预计负债		
生产性生物资产			递延收益		
油气资产			递延所得税负债		

续综表 210

资　　产	期末余额	年初余额	负债和所有者权益（或股东权益）	期末余额	年初余额
无形资产			其他非流动负债		
开发支出			非流动负债合计		
商誉			负债合计		
长期待摊费用			所有者权益（或股东权益）：		
递延所得税资产			实收资本（或股本）		
其他非流动资产			其他权益工具		
非流动资产合计			其中：优先股		
			永续债		
			资本公积		
			减：库存股		
			其他综合收益		
			盈余公积		
			未分配利润		
			所有者权益（或股东权益）合计		
资产总计			负债和所有者权益（或股东权益）总计		

综表 211　利润表

会企 02 表

编制单位：　　　　______年____月　　　　单位：元

项　　目	本期金额	上期金额
一、营业收入		
减：营业成本		
税金及附加		
销售费用		
管理费用		
研发费用		
财务费用		
其中：利息费用		
利息收入		
资产减值损失		
加：其他收益		
投资收益（损失以“－”号填列）		
其中：对联营企业和合营企业的投资收益		
公允价值变动收益（损失以“－”号填列）		
资产处置收益（损失以“－”号填列）		
二、营业利润（亏损以“－”号填列）		
加：营业外收入		

续综表 211

项　目	本期金额	上期金额
减:营业外支出		
三、利润总额(亏损总额以"－"号填列)		
减:所得税费用		
四、净利润(净亏损以"－"号填列)		
(一)持续经营净利润(净亏损以"－"号填列)		
(二)终止经营净利润(净亏损以"－"号填列)		
五、其他综合收益的税后净额		
(一)不能重分类进损益的其他综合收益		
1.重新计量设定受益计划变动额		
2.权益法下不能转损益的其他综合收益		
……		
(二)将重分类进损益的其他综合收益		
1.权益法下可转损益的其他综合收益		
2.可供出售金融资产公允价值变动损益		
3.持有至到期投资重分类为可供出售金融资产损益		
4.现金流量套期损益的有效部分		
5.外币财务报表折算差额		
……		
六、综合收益总额		
七、每股收益:		
(一)基本每股收益		
(二)稀释每股收益		

第三部分

会计水平测试

会计水平测试(一)

一、单项选择题(本题型共10小题,每小题2分,共20分。多选、错选、不选均不得分)

1. 总分类账必须采用的账簿外表形式是(　　)。
A. 卡片式账簿　B. 活页式账簿　C. 订本式账簿　D. 备查式账簿
2. 预收账款属于企业的(　　)。
A. 资产　B. 负债　C. 所有者权益　D. 费用
3. 会计是以(　　)为主要计量尺度的。
A. 实物量度　B. 劳动量度　C. 货币量度　D. 数量反映
4. 下列不属于原始凭证内容的是(　　)。
A. 名称　B. 编号　C. 应借应贷会计科目　D. 签名盖章
5. 企业出纳每天做"日清",对库存现金的核对,属于(　　)。
A. 账实核对　B. 账目核对　C. 账表核对　D. 账账核对
6. 复式记账对每项经济业务发生后,应在(　　)相互联系的账户中等额登记。
A. 两个　B. 一个　C. 三个　D. 两个或两个以上
7. 预提短期借款利息时,应借记(　　)。
A. 预提费用　B. 管理费用　C. 制造费用　D. 财务费用
8. 银行存款日记账一般是由(　　)来登记的。
A. 出纳　B. 保管　C. 会计　D. 财务主管
9. 接受外单位投资时,贷方应计入的账户是(　　)。
A. 实收资本　B. 资本公积　C. 盈余公积　D. 本年利润
10. 反映企业一定日期财务状况的报表是(　　)。
A. 利润表　B. 资产负债　C. 现金流量表　D. 报表附注

二、多项选择题(本题型共10小题,每小题2分,共20分。多选、错选、不选均不得分)

1. 下列属于损益类的账户有(　　)。
A. 管理费用　B. 营业外支出　C. 制造费用　D. 财务费用
2. 属于经济发生时直接取得或填制的凭证是(　　)。
A. 收款凭证　B. 入库单　C. 工资结算单　D. 付款凭证
3. 对账中的账证核对包括(　　)。
A. 账簿与原始凭证核对　B. 账簿与记账凭证核对
C. 记账凭证与原始凭证核对　D. 会计凭证与会计报表核对
4. 会计档案包括(　　)。
A. 会计凭证　B. 会计报表　C. 会计账簿　D. 会计工作制度
5. 财产物资的盘存制度有(　　)。
A. 永续盘存制　B. 费用　C. 利润　D. 实地盘存制

6. 下列属于期间费用的有（　　）。

A. 管理费用　　B. 制造费用　　C. 财务费用　　D. 销售费用

7. 制造费用的分配标准常用的是（　　）。

A. 按生产工人工资比例　　B. 按生产工时比例

C. 按产品的产量比例　　D. 按产品的销量比例

8. 通常采用的更正错账的方法有（　　）。

A. 划线更正法　　B. 红字更正法　　C. 补充登记法　　D. 余额调整法

9. 会计核算的专门方法包括（　　）。

A. 设置账户　　B. 复式记账

C. 填制和审核凭证　　D. 登记账簿

10. 引起资产和负债同时增加的经济业务有（　　）。

A. 用银行存款购买材料　　B. 向银行借款存入银行

C. 用闲置房屋对外投资　　D. 购买材料，款项未付

三、判断题（每题 1 分，共 10 分；不答、错答不得分也不扣分）

1. 法律主体一定是会计主体，会计主体不一定是法律主体。（　　）

2. 记账凭证都必须附原始凭证。（　　）

3. 从银行提取现金的结算应填制收款凭证。（　　）

4. 记账后发现记账凭证中借、贷科目发生错误时，可采用补充登记法。（　　）

5. 存货、固定资产和库存现金通常采用实地盘存法。（　　）

6. “生产成本”账户期末一定没有余额。（　　）

7. “制造费用”账户属于费用类账户。（　　）

8. 从一般纳税企业购入原材料的采购成本包括买价、采购费用、增值税。（　　）

9. 借贷记账法的记账规则是“有借必有贷，借贷必相等”。（　　）

10. 企业所有的账簿都应该由会计来登记。（　　）

四、计算题（每题 5 分，共 10 分）

1. QW 工厂 2017 年第三季度发生下列部分经济业务：

（1）2017 年 7 月份销售一批商品给甲公司，价值 10 000 元，货已发出，款项当即收到并存入银行。（2）2017 年 7 月份预收乙公司 20 000 元货款；8 月份货已发给乙公司，价值 60 000 元；9 月份向乙公司收回余款 40 000 元。（3）2017 年 7、8、9 月份各取得销售收入 30 000 元，款项 90 000 元于 9 月份一次收到，款项存入银行。（4）2017 年 7、8、9 月份各发生的短期借款利息 10 000 元，共计 30 000 元，9 月末以银行存款一次支付。（5）2017 年 9 月末以银行存款预付下半年房租费 60 000 元。（6）2018 年 9 月份以银行存款支付本月份的水电费 20000 元。要求根据上述资料，计算回答第（1）～（5）题。

（1）在权责发生制下，该公司 7 月份的收入和费用应分别为（　　）元。

A. 60 000 和 10 000　　B. 40 000 和 10 000

C. 30 000 和 30 000　　D. 40 000 和 30 000

（2）在收付实现制下，该公司 7 月份的收入和费用应分别为（　　）元。

A. 30 000 和 10 000　　B. 60 000 和 0

C. 60 000 和 10 000　　D. 30 000 和 0

(3)在权责发生制下，该公司 8 月份的收入应为(　　)元。

A. 90 000　　B. 60 000　　C. 70 000　　D. 30 000

(4)在收付实现制下，该公司 9 月份的收入和费用应分别为(　　)元。

A. 130 000 和 110 000　　B. 70 000 和 90 000

C. 130 000 和 90 000　　D. 70 000 和 110 000

(5)在权责发生制下，该公司 9 月份的收入和费用应分别为(　　)元。

A. 70 000 和 30 000　　B. 70 000 和 90 000

C. 30 000 和 90 000　　D. 30 000 和 40 000

2. 2018 年 7 月 8 日，销售人员李辉出差借支差旅费 5 000 元，会计人员在编制记账凭证时编制会计分录为

借：管理费用　　5 000

　贷：库存现金　　5 000

记账人员已根据上述凭证登记入账，试对上述错误进行更正。

五、经济业务处理题(共 35 分)

南方公司 2017 年 8 月发生以下经济业务，试编制相关会计分录。

1. 2 日购入甲、乙两种材料，甲材料 300 吨，单价 600 元，企业应负担的增值税为 30 600 元；乙材料 100 吨，每吨 300 元，支付增值税 5 100 元，共发生运杂费 6 000 元，货款及增值税和运杂费均已通过银行转账支付(按材料的重量分配运杂费)。

2. 5 日以银行存款支付水电费 30 000 元，其中生产车间 20 000 元，厂部 10 000 元。

3. 8 日以银行存款支付污水排放罚款 3 000 元。

4. 10 日，用银行存款 82 000 元支付工资。

5. 16 日，计提本月固定资产折旧费 1 500 元，其中生产车间 1 200 元，管理部门 300 元。

6. 18 日，销售 A 产品 200 吨，单价 1 500 元，增值税 51 000 元，货款及税金 351 000 元，款已收到存入银行。

7. 20 日，销售 B 产品 150 吨给大华机械厂，单价为 800 元，货款共计 120 000 元，销项税为 20 400 元，货款尚未收到。

8. 25 日以银行存款支付本月份短期借款利息 3 000 元。

9. 26 日以银行存款支付广告费 30 000 元。

10. 31 日编制耗用材料汇总表。A 产品耗用甲材料 200 000 元，B 产品耗用乙材料 150 000 元；车间领用甲材料 5 000 元，厂部领用甲材料 6 000 元。

11. 31 日，分配工资费用。其中：A 产品生产工人工资 36 000 元，B 产品生产工人工资 30 000 元，车间管理人员工资 5 800 元，厂部管理人员工资 10 200 元。

12. 31 日分配结转本月制造费用(按直接人工工资分配)。

13. 31 日结转本月完工产品实际成本(假设 A、B 产品全部完工)。

14. 31 日结转本月销售成本：A 产品实际成本 150 000 元，B 产品实际成本 100 000 元。

15. 按销售收入的 10%计算本月应交消费税。

16.计算本月应交的城市维护建设税(税率7%)和教育费附加(3%)。

17.结转本月损益类账户。

六、根据上述经济业务编制该单位8月份利润表(共5分)

利润表

会企02表

编制单位: ____年____月 单位:元

项　目	本期金额	上期金额
一、营业收入		
减:营业成本		
税金及附加		
销售费用		
管理费用		
研发费用		
财务费用		
其中:利息费用		
利息收入		
资产减值损失		
加:其他收益		
投资收益(损失以"—"号填列)		
其中:对联营企业和合营企业的投资收益		
公允价值变动收益(损失以"—"号填列)		
资产处置收益(损失以"—"号填列)		
二、营业利润(亏损以"—"号填列)		
加:营业外收入		
减:营业外支出		
三、利润总额(亏损总额以"—"号填列)		
减:所得税费用		
四、净利润(净亏损以"—"号填列)		
(一)持续经营净利润(净亏损以"—"号填列)		
(二)终止经营净利润(净亏损以"—"号填列)		
五、其他综合收益的税后净额		
(一)不能重分类进损益的其他综合收益		
1.重新计量设定受益计划变动额		
2.权益法下不能转损益的其他综合收益		
……		
(二)将重分类进损益的其他综合收益		
1.权益法下可转损益的其他综合收益		
2.可供出售金融资产公允价值变动损益		

3.持有至到期投资重分类为可供出售金融资产损益		
4.现金流量套期损益的有效部分		
5.外币财务报表折算差额		
……		
六、综合收益总额		
七、每股收益：		
（一）基本每股收益		
（二）稀释每股收益		

会计水平测试(二)

一、单项选择题(本题型共10小题,每小题2分,共20分。多选、错选、不选均不得分)

1. 从银行提取现金一般应编制(　　)。

A 转账凭证　　B. 累计凭证　　C. 付款凭证　　D. 收款凭证

2. 下列账簿中不适宜采用订本式账簿的是(　　)。

A. 总分类账　　B. 应付账款明细账　　C. 现金日记账　　D. 银行存款日记账

3. 下列凭证中(　　)属于原始凭证。

A. 收款凭证　　B. 付款通知单　　C. 试算平衡表　　D. 科目汇总表

4. 在财产清查中,如果查明是由于保管人员失职所造成的,经批准后应转入(　　)。

A 管理费用　　B. 其他应收款　　C. 营业外支出　　D. 生产成本

5. (　　)是直接根据记账凭证逐笔登记总分类账。

A. 汇总记账凭证账务处理程序　　B. 科目汇总表账务处理程序

C. 多栏式日记账账务处理程序　　D. 记账凭证账务处理程序

6. 记账凭证正确,在记账或结账过程中发现账簿记录中文字或数字有错误,应采用(　　)。

A 划线更正法　　B. 红字更正法　　C. 补充登记法　　D. 蓝字更正法

7. "应付账款"账户期初余额为4 000元,借方本期发生额为10 000元,期末余额为6 000元,则该账户贷方本期发生额为(　　)元。

A. 8 000　　B. 20 000　　C. 0　　D. 12 000

8. 为销售商品支付的广告费应计入(　　)。

A. 生产成本　　B. 管理费用　　C. 主营业务成本　　D. 销售费用

9. 下列财产物资,不能采用实地盘点法的是(　　)。

A. 银行存款　　B. 库存现金　　C. 固定资产　　D. 存货

10. 企业销售一批产品价值68 000元,款项尚未收到,该项业务发生后应编制(　　)。

A. 收款凭证　　B. 付款凭证　　C. 转账凭证　　D. 累计凭证

二、多项选择题(本题型共10小题,每小题2分,共20分。多选、错选、不选均不得分)

1. 会计核算的基本前提有(　　)。

A. 会计主体　　B. 持续经营　　C. 会计分期　　D. 货币计量

2. 下列项目中,属于企业所有者权益的有(　　)。

A. 实收资本　　B. 短期借款　　C. 资本公积　　D. 盈余公积

3. 在会计实务中,下列账簿通常采用活页式或卡片式的有(　　)。

A. 总分类账　　B. 明细分类账　　C. 现金日记账　　D. 固定资产明细账

4. 实际工作中,哪些账簿需要设置为数量金额式的格式(　　)。

A. 固定资产　　B. 库存商品　　C. 银行存款　　D. 原材料

5. 下列会计科目属于资产类的有(　　)。

A. 预付账款　　B. 应收票据　　C. 其他应收款　　D. 库存商品

6. 属于原始凭证的有（　　）。

A. 收款收据　B. 限额领料单　C. 收款凭证　D. 供货单位发票

7. 在借贷记账法下，账户的贷方登记（　　）。

A. 资产增加　B. 成本、费用减少

C. 收入、利润增加　D. 负债增加

8. 工业企业产品的生产成本构成项目有（　　）。

A. 管理费用　B. 原材料

C. 制造费用　D. 生产工人工资及其他人工费用

9. 反映企业经营成果的要素有（　　）。

A. 资产　B. 收入　C. 费用　D. 利润

10. 月末结转后无余额的账户有（　　）。

A. 管理费用　B. 制造费用　C. 销售费用　D. 财务费用

三、判断题（每题 1 分，共 10 分；不答、错答不得分也不扣分）

1. 不论发生什么样的经济业务，会计等式两边的平衡关系都不会破坏。（　　）

2. 转账凭证只能登记与货币资金收付无关的业务。（　　）

3. 复合会计分录是指一个账户借方同几个账户贷方发生对应关系，或一个账户贷方同几个账户借方发生对应关系的会计分录，即一借多贷或一贷多借的会计分录。（　　）

4. 在借贷记账法下，费用、成本类账户的结构与负债和所有者权益类账户的结构相同；收入、成果类账户的结构与资产类账户的结构相同。（　　）

5. 对于遗失的原始凭证而又无法取得证明，如火车票等，可由当事人写出详细情况，由单位负责人批准后，也可代作原始凭证。（　　）

6. 我国资产负债表采用账户式结构，损益表采用多步式。（　　）

7. 付款凭证只有在涉及货币资金支付时才编制。（　　）

8. 一切原始凭证都是由本单位的会计人员编制的。（　　）

9. 原始凭证可以用于直接登记总账账簿。（　　）

10. 所有资产类账户期末余额一定都在借方。（　　）

四、计算题：（每题 5 分，共 10 分）

1. 某工业企业同时生产 A、B 两种产品，2017 年 8 月份发生制造费用 44 000 元，A 产品的生产工人工资为 120 000 元；B 产品生产工人工资为 80 000 元，试按工资比例计算 A、B 产品应分配的制造费用。

2. 假设某企业 2017 年 9 月 30 日银行存款日记账余额为 367 800 元，银行对账单所列存款余额为 316 600 元，经逐笔核对，查明有以下几笔未达账项：

(1) 9 月 28 日，银行受企业委托代收销售产品款项 126 000 元，银行已收到并记账，企业尚未接到银行的收款通知；

(2) 9 月 29 日，企业开出转账支票，清偿前欠材料款 164 000 元，持票人尚未到银行办理转账，银行尚未记账；

(3) 9 月 29 日，银行代付水电费 56 200 元，企业尚未接到银行的付款通知；

(4)9 月 30 日，企业送存收到的银行汇票 285 000 元，银行未入账。

要求：根据以上资料，编制银行存款余额调节表。

银行存款余额调节表

年 月 日

项 目	金 额	项 目	金 额
企业存款日记账余额		银行对账单余额	
加：		加：	
减：		减：	
调节后的存款余额		调节后的存款余额	

五、经济业务处理(每题 2 分，50 分)

南方工厂 2017 年 8 月份发生下列经济业务：

1. 购入甲材料一批计 30 000 元，增值税 5 100 元，款项均以银行存款支付。
2. 以银行存款 120 000 元，归还前欠货款。
3. 购入乙材料一批计 35 000 元，增值税款 5 950 元，款项均未支付。
4. 上项甲、乙材料验收入库并结转实际成本。
5. 收回应收账款 246 000 元存入银行。
6. 提取现金 190 000 元备发工资。
7. 以现金 190 000 元发放工资。
8. 从银行借入一年期借款 600 000 元存入银行。
9. 生产产品领用甲材料 26 000 元，乙材料 24 000 元。
10. 以现金支付职工张义预支差旅费 5 000 元。
11. 以银行存款购入汽车一辆计 160 000 元，已交付使用。
12. 用银行存款支付产品广告费 60 000 元。
13. 支付本月短期借款利息 1 500 元。
14. 分配本月工资 190 000 元，其中生产工人工资 130 000 元，车间管理人员工资 12 000 元，行政管理人员工资 18 000 元，销售人员工资 30 000 元。
15. 提取本月固定资产折旧 50 000 元，其中生产车间 38 000 元，管理部门 12 000 元。
16. 结转本月制造费用(无余额)。
17. 结转本月完工产品成本 180 000 元。
18. 销售产品一批计 360 000 元，增值税款 61 200 元，款项收回存入银行。
19. 计算本月销售产品成本 145 000 元。
20. 月末结转损益类账户。
21. 计算所得税费用(所得税税率为 25%，利润总额视同应纳税所得额)。
22. 结转所得税费用。
23. 按税后利润的 10%提取法定盈余公积金。
24. 按税后利润的 30%向投资者分配利润。
25. 结转利润分配，使“利润分配”明细账户只有“未分配利润”有余额。

会计水平测试(三)

一、单选(每小题 1 分,共 20 分。多选、错选、不选均不得分)

1.(　　)是指按照一定的步骤反复运行的会计程序。

A. 会计循环　　B. 会计核算　　C. 会计监督　　D. 会计审核

2. 会计科目按提供信息详细程度及其统驭关系分类,分为总分类科目和(　　)。

A. 资产类科目　　B. 负债类科目　　C. 明细分类科目　　D. 所有者权益类科目

3. 下列经济业务,(　　)属于资产内部一个项目增加,另一个项目减少的业务。

A. 从银行提取现金　　B. 以银行存款归还借款

C. 借入短期借款存入银行　　D. 购买材料款项尚未支付

4. 如果某一账户的左边登记增加,右边登记减少,期初余额在左方,而期末余额在右方,则表明(　　)。

A. 本期增加发生额低于本期减少发生额的差额小于期初余额

B. 本期增加发生额低于本期减少发生额的差额大于期初余额

C. 本期增加发生额超过本期减少发生额的差额大于期初余额

D. 本期增加发生额超过本期减少发生额的差额小于期初余额

5. 复式记账法的基本理论依据是(　　)。

A. 期初余额＋本期增加数－本期减少数＝期末余额

B. 收入－费用＝利润

C. 本期借方发生额合计＝本期贷方发生额合计

D. 资产＝负债＋所有者权益

6. 库存现金日记账一般采用(　　)账簿。

A. 活页式　　B. 卡片式　　C. 订本式　　D. 任意一种

7. 在记账后,如果发现记账凭证中科目正确,但所记金额大于应记金额,应采用(　　)方法更正。

A. 划线更正法　　B. 红字更正法　　C. 补充登记法　　D. 以上三种中的任意一种

8. 下列账户中。贷方登记增加的是(　　)。

A. 预收账款　　B. 制造费用　　C. 销售费用　　D. 税金及附加

9. 我国企业的资产负债表采用的格式是(　　)。

A. 多步式　　B. 报告式　　C. 单步式　　D. 账户式

10.(　　)和未分配利润合称为留存收益。

A. 盈余公积　　B. 实收资本　　C. 资本公积　　D. 股本

11. 甲企业一笔 4000 元的应收账款无法收回,经批准确认为坏账,甲企业应编制的会计分录为(　　)。

A. 借:管理费用　　4 000

　　贷:应收账款　　4 000

B. 借:资产减值损失　　4 000
　贷:坏账准备　　4 000

C. 借:坏账准备　　4 000
　贷:应收账款　　4 000

D. 借:坏账准备　　4 000
　贷:管理费用　　4 000

12. 接收外单位投资的材料一批,应填制(　　)。

A. 收款凭证　B. 付款凭证　C. 转账凭证　D. 汇总凭证

13. 明细账在账簿的外形特征上一般采用(　　)账簿。

A. 订本式　B. 活页式　C. 数量金额式　D. 多栏式

14. 记账以后,如发现记账错误是由于记账凭证所列会计科目有误引起的,应采用(　　)进行错账更正。

A. 划线更正法　B. 红字更正法　C. 补充登记法　D. B 或 C 都行

15. 在利润表上,利润总额扣除(　　)后,得出净利润或净亏损。

A. 管理费用和财务费用　B. 增值税
C. 营业外收支净额　D. 所得税费用

16. 不属于利润表中"税金及附加"项目反映的税金是(　　)。

A. 城市维护建设税　B. 消费税　C. 营业税　D. 增值税

17. 在财务清查中填制的"账存实存对比表"是(　　)。

A. 登记总分类账的直接依据　B. 调整账簿记录的原始凭证
C. 调整账面记录的记账凭证　D. 登记日记账的直接依据

18. 账簿中的文字或数字不要顶格书写,一般占格距的(　　)。

A. 1/2　B. 2/3　C. 1/3　D. 3/5

19. 下列会计科目中,属于损益类的是(　　)。

A. "财务费用"　B. "实收资本"　C. "长期待摊费用"　D. "制造费用"

20. 如果在清查银行存款时发现未达账项,应编制(　　)进行调整。

A. 记账凭证　B. 盘存单
C. 实存账存对比表　D. 银行存款余额调节表

二、多选(每小题 2 分,共 40 分。多选、少选、错选、不选均不得分)

1. 下列有关会计的说法中,正确的包括(　　)。

A. 本质上是一种经济管理活动　B. 对经济活动进行核算和监督
C. 以货币为主要计量单位　D. 核算特定主体的经济活动

2. 下列关于会计主体的说法中,正确的有(　　)。

A. 会计主体一定是法律主体
B. 会计主体可以是独立法人,也可以是非法人
C. 会计主体可以是一个企业,也可以是企业中的一个特定组成部分
D. 会计主体有可能是单一企业,也可能是几个企业组成的企业集团

3. 下列项目中,属于负债要素特点的有(　　)。

A. 负债是由现在的交易或事项所引起的偿债义务
B. 负债是由过去的交易或事项所形成的现时义务
C. 负债是由将来的交易或事项所引起的偿债义务
D. 负债将会导致经济利益流出企业

4. 会计科目按其所归属的会计要素不同,可分为( )。
A. 所有者权益类　B. 负债类　C. 损益类　D. 成本类

5. 某公司资产总额为 60 000 元,负债总额为 30 000 元,以银行存款 20 000 元偿还短期借款。并以银行存款 15 000 元购置设备,则上述业务入账后该公司的资产总额发生变化,下列不正确的为( )元。
A. 30 000　B. 40 000　C. 25 000　D. 15 000

6. 对于费用类会计科目来讲( )。
A. 费用的增加额记入账户的借方　B. 借贷记账法下,借记减少
C. 期末没有余额　D. 借贷记账法下,借记增加

7. 下列原始凭证中,属于自制原始凭证的有( )。
A. 材料入库单　B. 发出材料汇总表　C. 购货发票　D. 工资发放明细表

8. 下列人员中,应在记账凭证上签名或盖章的有( )。
A. 审核人员　B. 会计主管人员　C. 记账人员　D. 制单人员

9. 下列关于登记账簿的要求的表述中,正确的有( )。
A. 账簿书写的文字和数字上面留适当空距
B. 登记账簿要用圆珠笔、蓝黑或黑色墨水书写,不得用铅笔
C. 各种账簿按页次顺序连续登记,不得跳行、隔页
D. 账簿登记后,要在记账凭证上签名或盖章,注明已登账的符号,表示已记账

10. X 企业以库存现金 990 元购买办公用品,会计人员填制记账凭证时所使用的会计科目及记账方向没有错误,只是将金额 990 元记成了 909 元,并登记入账,则更正的方法有( )。
A. 使用补充登记法更正
B. 补充的记账凭证借记“管理费用”科目 81 元,贷记“库存现金”科目 81 元
C. 使用红字更正法
D. 使用划线更正法

11. 不论采用何种账务处理程序,编制财务报表所需的资料都来源于( )。
A. 科目汇总表　B. 总分类账　C. 明细分类账　D. 汇总记账凭证

12. 汇总记账凭证账务处理程序的优点有( )。
A. 减轻了登记总账的工作量　B. 可以进行试算平衡
C. 便于了解账户的对应关系　D. 只需编制“一借多贷”会计分录,非常简单

13. 下列对库存现金和应收账款进行清查所采用的方法中,正确的有( )。
A. 对库存现金的清查应采用倒挤法
B. 对库存现金的清查应采用实地盘存法
C. 对应收账款的清查应采用函证法
D. 对应收账款的清查应采用技术推算法

14. 按照编制范围的不同,财务报表可以分为( )。

A. 个别财务报表　　B. 内部报表　　C. 外部报表　　D. 合并财务报表

15. 资产负债表中“应收账款”项目应根据(　　)之和减去“坏账准备”账户中有关应收账款计提的坏账准备期末余额填列。

A. “应收账款”科目所属明细科目的借方余额

B. “应收账款”科目所属明细科目的贷方余额

C. “应付账款”科目所属明细科目的贷方余额

D. “预收账款”科目所属明细科目的借方余额

16. 会计是随着人类社会生产的发展和经济管理的需要而产生、发展并不断得到完善。其中,会计的发展可划分为(　　)阶段。

A. 古代会计　　B. 近代会计　　C. 现代会计　　D. 当代会计

17. 生产费用是指与企业日常生产经营活动有关的费用,按其经济用途可分为(　　)。

A. 直接材料　　B. 直接人工　　C. 制造费用　　D. 管理费用

18. 工业企业会计中的“原材料”账户属于(　　)。

A. 总分类账户　　B. 明细分类账户　　C. 资产类账户　　D. 一级账户

19. 下列支出中,属于营业外支出的有(　　)。

A. 捐赠支出　　B. 债务重组损失　　C. 固定资产盘亏　　D. 非正常损失

20. 某企业销售产品一批,价款 5000 元,增值税额 850 元,货款收回存入银行,这笔经济业务涉及的账户有(　　)账户。

A. “银行存款”　　B. “应收账款”

C. “主营业务收入”　　D. “应交税费——应交增值税(销项税额)”

三、判断(每小题 1 分,共 20 分。不答、错答不得分也不扣分)

1. 本期发生额是一个期间指标,它说明某类经济内容的增减变动情况。(　　)

2. 企业从外单位取得的原始凭证,必须有填制单位的公章;从个人处取得的原始凭证,必须有填制人员的签名或盖章。(　　)

3. 新旧账有关账户之间转记余额,不必编制记账凭证。(　　)

4. 由于编制的记账凭证会计科目错误,导致账簿记录错误,更正时,可以将错误的会计科目划红线注销,然后,在划线上方填写正确的会计科目。(　　)

5. 记账凭证账务处理程序、汇总记账凭证账务处理程序、科目汇总表账务处理程序的不同之处在于登记总账的依据不同。(　　)

6. 记账凭证账务处理程序,适用于规模较大的、经济业务较复杂的企业。(　　)

7. 小企业的年度财务会计报告包括资产负债表、利润表和会计报表附注。(　　)

8. 利润表中“本期数”栏的数字,应根据各损益类账户本期发生额填列。(　　)

9. 鸿运公司 2017 年 3 月“主营业务成本”账户和“其他业务成本”账户的本期发生额分别为 450 000 元和 150 000 元,则 2017 年 3 月利润表中“营业成本”项目的本期金额为 600 000 元。(　　)

10. 工业企业为拓展销售市场所发生的业务招待费,应计入销售费用。(　　)

11. 增值税一般纳税人的销售收入不包括销项税额,但小规模纳税人的销售收入包括增值税。(　　)

12. 业务收支以外币为主的单位，也可以选择某种外币作为记账本位币，并按照记账本位币编制财务会计报告。（ ）

13. 会计是以商品为主要计量单位，反映和监督一个单位经济活动的一种经济管理工作。（ ）

14. 历史成本原则是指各项财产物资应当按取得时的实际成本计价，物价变动时不得调整其账面价值。（ ）

15. 设置会计科目的相关性原则是指所设置的会计科目应当符合国家统一的会计制度的规定。（ ）

16. 所有者权益是指企业投资人对企业资产的所有权。（ ）

17. 所有经济业务的发生都会引起会计等式两边同时发生变化。（ ）

18. 对所有资产类账户而言，借方表示增加，贷方表示减少。（ ）

19. 利润表是反映企业一定会计期间财务状况的报表。（ ）

20. 企业虽然不拥有其所有权，但能够实际控制的资产，也应当将其作为企业的资产予以确认。（ ）

四、计算分析题（本类题共 2 小题，每小题 10 分，共 20 分）

1. 20×9 年 3 月 10 日，甲公司与乙公司签订原材料采购合同，向乙公司采购原材料 6 000 吨，原材料每吨价格 30 元，总金额 180 000 元，预付款 40%。4 月 30 日甲方收货，并收到乙方开具的增值税发票价款 180 000 元，税金 30 600 元。5 月 1 日，应付余款。20×9 年 5 月，甲公司生产部门提货 4 000 吨，车间管理部门提货 500 吨，行政管理部门提货 300 吨，单位成本每吨 30 元。

需求：编制以下经济业务的会计分录。

(1)甲方预付货款的会计分录。

(2)甲方购入材料的会计分录。

(3)甲方补付货款的会计分录。

(4)汇总车间领用材料的会计分录。

(5)行政管理部门领用材料的会计分录。

2. 甲公司 20×9 年 1 月 1 日向银行借人一笔生产经营用短期借款共 60 万元，期限 9 个月，年息 5%，本金一次性归还，利息分月预提，按季支付。

要求：

(1)编制甲公司借入短期借款的会计分录。

(2)计算甲公司月计提利息金额。

(3)编制甲公司 1 月末计提利息的会计分录。

(4)编制甲公司 3 月末支付第一季度银行借款利息的会计分录。

(5)编制甲公司 9 月末偿还本金及第三季度偿还银行借款利息的会计分录。

会计水平测试(四)

一、单选(每小题 1 分,共 20 分。多选、错选、不选均不得分)

1. 出纳从银行提取现金 3 000 元备用。该项经济业务应填制一张(　　)。

A. 收款凭证　　B. 付款凭证　　C. 转账凭证　　D. 累计凭证

2. 下列关于资产类账户结构的表述中,正确的是(　　)。

A. 增加记贷方　　B. 增加记借方　　C. 减少记借方　　D. 期末无余额

3. 下列关于需结出本年累计的账户月末结账划线正确的是(　　)。

A. 划一条单红线　　B. 划两条双红线　　C. 划三条单红线　　D. 划四条双红线

4. 在结账前,如果发现账簿记录有文字或数字错误,而记账凭证无错,可采用的更正方法是(　　)。

A. 红字更正法　　B. 划线更正法　　C. 补充登记法　　D. 平行登记法

5. 下列属于审核原始凭证真实性的是(　　)。

A. 凭证日期是否真实、业务内容是否真实

B. 审核原始凭证所记录经济业务是否有违反国家法律法规的情况

C. 审核原始凭证各项基本要素是否齐全,是否有漏项情况

D. 审核原始凭证各项金额的计算及填写是否正确

6. 下列说法中,正确的是(　　)。

A. 会计核算的内容是指特定主体的资金运动,包括资金的投入、资金的循环与周转、资金的退出三个阶段

B. 企业的资产按其流动性强弱,可分为流动资产和固定资产

C. 成本与费用是一样的,没有差异

D. 企业的财务成果就是指一定时点企业库存现金的金额

7. 现金清查中,发现短款 200 元,经研究决定由出纳赔偿 150 元,余额报损,则批准处理后的会计分录为(　　)。

A. 借:待处理财产损溢——待处理流动资产损溢　　200
　　贷:库存现金　　200

B. 借:库存现金　　200
　　贷:待处理财产损溢——待处理流动资产损溢　　200

C. 借:其他应收款　　150
　　　管理费用　　50
　　贷:待处理财产损溢——待处理流动资产损溢　　200

D. 借:待处理财产损溢——待处理流动资产损溢　　200
　　贷:其他应收款　　150
　　　　财务费用　　50

8. 下列原始凭证中,属于累计凭证的是(　　)。

A. 收据　　　　B. 发货票　　　　C. 收料单　　　　D. 限额领料单

9. 下列关于汇总记账凭证账务处理程序的说法中，错误的是(　　)。

A. 根据汇总记账凭证登记总分类账

B. 根据记账凭证定期编制汇总记账凭证

C. 根据原始凭证或汇总原始凭证登记总分类账

D. 汇总转账凭证应当按照每一账户的贷方分别设置，并按其对应的借方账户归类汇总

10. 下列各项中，适用于查找在记账过程中只登记了会计分录的借方或贷方，漏记了另一方，从而导致试算平衡中借方合计与贷方合计不等错误的方法是(　　)。

A. 尾数法　　　　B. 差数法　　　　C. 除 2 法　　　　D. 除 9 法

11. 某公司在银行存款核对中发现，银行对账单余额为 3 000 元，银行存款日记账账面余额为 2 700 元，经逐笔核查，发现有如下未达账项：(1)购货单位汇来预付款 3 200 元，银行已入账，企业尚未入账；(2)银行支付承兑货款 2 300 元，企业尚未记账；(3)企业开出现金支票1 500 元，持票人尚未到银行提现；(4)银行代扣电话费 2 100 元，但企业尚未收到有关凭证。调整后银行存款的余额应是(　　)元。

A. 1 800　　　　B. 3 800　　　　C. 3 600　　　　D. 1 500

12. 下列选项表述不正确的是(　　)。

A. 总分类科目提供会计要素总括信息的会计科目

B. 明细分类科目提供更详细和更具体会计信息的科目

C. 明细科目较多的总账科目，可在总账科目和明细科目之间设立二级科目或多级科目

D. 会计科目按所归属的会计要素不同分为资产类、负债类、所有者权益类、收入类、费用类和利润类六大类

13. 反映企业经营成果的会计报表是(　　)。

A. 利润表　　　　B. 资产负债表　　　　C. 现金流量表　　　　D. 企业内部报表

14. 会计人员在审核原始凭证时，发现某原始凭证内容合理、合法，但不够完整、准确，按规定下列处理办法中，正确的是(　　)。

A. 拒绝办理　　　　B. 及时办理　　　　C. 交给上级　　　　D. 予以退回，要求补办手续

15. 现金日记账和银行存款日记账一般采用(　　)账簿。

A. 卡片式　　　　B. 活页式　　　　C. 订本式　　　　D. 自己认为合适的

16. 某企业期末"应付账款"账户为贷方余额 26 万元，其所属明细账户的贷方余额合计为 33 万元，所属明细账户的借方余额合计为 7 万元；"预付账款"账户为借方余额 15 万元，其所属明细账户的借方余额合计为 20 万元，所属明细账户的贷方余额合计为 5 万元。则该企业资产负债表中"应付账款"和"预付账款"两个项目的期末数分别应为(　　)万元。

A. 38 和 27　　　　B. 33 和 20　　　　C. 53 和 12　　　　D. 26 和 15

17. 某企业 2017 年 9 月 1 日销售商品，并于当日收到面值 50 000 元、期限 3 个月的银行承兑汇票一张。12 月 10 日，将该票据背书转让给 A 公司以购买材料。所购材料的价格为 45 000 元，增值税率为 17%，运杂费 350 元。则企业应补付的银行存款为(　　)元。

A. 5 000　　　　B. 4 500　　　　C. 3 000　　　　D. 2 650

18. 下列各项中，属于编制科目汇总表的根据是(　　)。

A. 记账凭证　　　　B. 原始凭证　　　　C. 各种总账　　　　D. 原始凭证汇总表

19. 下列各项中，属于实物资产清查范围的是（　　）。

A. 存货　　B. 库存现金　　C. 银行存款　　D. 应收账款

20. 甲企业销售A产品每件500元，若客户购买100件（含100件）以上可得到10%的商业折扣。乙公司于2017年7月10日向甲企业购买A产品200件，款项尚未支付。按规定现金折扣条件为2/10，1/20，n/30（假定不考虑增值税）。企业于7月28日收到该笔款项。则甲企业该项业务应确认的增值税为（　　）元。

A. 17 000　　B. 16 830　　C. 15 147　　D. 15 300

二、多选（每小题2分，共40分。多选、漏选、错选、不选均不得分）

1. 下列关于会计信息质量的重要性要求表述中，正确的有（　　）。

A. 重要性的应用需要依赖职业判断

B. 交易或事项是否重要仅取决于项目的性质

C. 交易或者事项是否重要仅取决于金额的大小

D. 交易或者事项是否重要既取决于项目的性质又取决于金额大小

2. 下列各项中，不属于所有者权益的有（　　）。

A. 资本公积　　B. 土地使用权　　C. 留存收益　　D. 应付股利

3. 企业当年实现净利润100万元，按25%的所得税税率计算，本年度应缴所得税为25万元，则该项经济业务涉及的账户有（　　）。

A. 应交税费　　B. 税金及附加　　C. 应交所得税　　D. 所得税费用

4. 下列各项中，企业应计入营业外支出的有（　　）。

A. 无形资产处置净损失　　B. 经营租出固定资产折旧费

C. 销售材料成本　　D. 固定资产盘亏净损失

5. 下列各项中，属于会计信息质量的可比性要求的有（　　）。

A. 同一企业不同时期可比　　B. 不同企业相同会计期间可比

C. 不同企业不同会计期间可比　　D. 不同企业相同经济业务可比

6. 专用记账凭证按其所反映的经济业务是否与现金和银行存款有关，通常可以分为（　　）。

A. 收款凭证　　B. 付款凭证　　C. 转账凭证　　D. 结算凭证

7. 资产负债表中的“货币资金”项目，应根据（　　）科目期末余额的合计数填列。

A. 备用金　　B. 其他货币资金　　C. 银行存款　　D. 库存现金

8. 下列各项中，属于期末应计提折旧的固定资产有（　　）。

A. 处于修理过程而停止使用的固定资产

B. 处于更新改造过程而停止使用的固定资产

C. 提前报废的固定资产

D. 当月减少的固定资产

9. 下列关于订本账的表述正确的有（　　）。

A. 订本账的优点是能避免账页散失和防止抽换账页

B. 其缺点是不能准确为各账户预留账页

C. 这种账簿一般适用于总分类账、现金日记账、银行存款日记账

D. 各种明细分类账都应采用订本账

10. 下列各项属于科目汇总表账务处理程序优点的有（　　）。

A. 总分类账可以比较详细地反映经济业务的发生情况

B. 大大减少登记总分类账的工作量

C. 可以清晰反应科目之间的对应关系

D. 具有试算平衡的作用，有利于保证总账登记的正确性

11. 下列各项中，属于会计分录的形式有（　　）。

A. 多借多贷　　B. 一借多贷　　C. 多借一贷　　D. 一借一贷

12. 在经营活动中，需要在销售费用账户中核算的有（　　）。

A. 广告费　　B. 销售机构的房屋租金

C. 展览费　　D. 销售机构的人员工资

13. 下面属于一次凭证的是（　　）。

A. 收据　　B. 收料单　　C. 限额领料单　　D. 发料凭证汇总表

14. 在资产负债表中，根据下列科目贷方余额填列"一年内到期的非流动负债"项目的有（　　）。

A. 长期借款　　B. 应付债券　　C. 应付票据　　D. 长期应付款

15. 下列款项中，属于未达账项的有（　　）。

A. 企业已收款记账，银行未收款未记账的款项

B. 企业已付款记账，银行未付款未记账的款项

C. 银行已收款记账，企业未收款未记账的款项

D. 银行已付款记账，企业未付款未记账的款项

16. 下列有关账簿说法正确的是（　　）。

A. 登记账簿时，要用蓝黑墨水或者碳素墨水书写，不得用圆珠笔（银行的复写账簿除外）或者铅笔书写

B. 短期借款明细账应采用三栏式账页格式

C. 数量金额式明细账一般适用于成本、费用、收入和利润明细账

D. 会计账簿的基本内容有：封面、扉页、账页、封底

17. 下列各项中，属于库存现金盘亏的账务处理中可能涉及的账户有（　　）。

A. 库存现金　　B. 管理费用　　C. 其他应收款　　D. 营业外支出

18. 下列登记银行存款日记账的方法中正确的有（　　）。

A. 使用订本账

B. 根据企业在银行开立的账户和币种分别设置日记账

C. 逐日逐笔登记并逐日结出余额

D. 业务量少的单位用银行对账单代替日记账

19. 下列事项中符合谨慎性的做法是（　　）。

A. 计提资产减值损失

B. 合理估计可能发生的损失和费用

C. 在报表中确认预计负债和预计收入

D. 企业自行研究时，将研究阶段的支出计入无形资产的成本

20. 下列各项中，属于企业在设置会计科目时应遵循的原则有（　　）。

A. 灵活性原则　　B. 合法性原则　　C. 相关性原则　D. 实用性原则

三、判断(每小题 1 分,共 20 分。不答、错答不得分,也不扣分)

1. 会计的职能是指会计在经济管理过程中所具有的功能。(　　)

2. 为了满足会计信息可比性要求,企业不得变更会计政策。(　　)

3. "生产成本"科目余额应列入利润表。(　　)

4. 总分类账和明细分类账平行登记要求做到方向相同、期间一致、金额相等。(　　)

5. 根据收付实现制,凡是不属于当期的收入和费用,即使款项已在当期收付,也不应当作为当期的收入和费用。(　　)

6. 企业销售一批商品,销售价款为 10 000 元,增值税销项税额为 1 700 元,现金折扣为 200 元,确认的收入额为 10 000 元。(　　)

7. 我国的会计年度是公立 1 月 1 日至 12 月 31 日。(　　)

8. 科目汇总表账务处理程序能科学地反映账户的对应关系,且便于账目核对。(　　)

9. 在会计分期假设下,会计确认、计量和报告应当以企业持续、正常的经济活动为前提。(　　)

10. 会计报表按其反映的内容,可以分为动态会计报表和静态会计报表,资产负债表是反映在某一定期间企业财务状况的会计报表。(　　)

11. 备查账簿没有固定的格式要求。(　　)

12. 属于无法查明的其他原因造成的现金短缺,应计入营业外支出。(　　)

13. 会计凭证按其取得的来源不同,可以分为原始凭证和记账凭证。(　　)

14. 红色墨水仅限于在借方栏登记贷方数,在贷方栏登记借方数。(　　)

15. 会计实务中,支票、银行汇票、银行本票均通过"应收票据"予以核算。(　　)

16. 原始凭证合法性的审核,是指审核原始凭证所记录的经济业务是否符合有关计划和预算等。(　　)

17. 不单独设置预收账款科目的企业,预收的账款可在应付账款科目核算。(　　)

18. 收款凭证的左上方"借方科目"应填写"库存现金"或"银行存款"科目。(　　)

19. 企业以前年度亏损未弥补完时,不得向投资者分配利润,也不可以提取法定盈余公积金。(　　)

20. 登记账簿时,发生的空行、空页一定要补充书写,不得注销。(　　)

四、计算分析(每小题 2 分,共 20 分。多选、漏选、错选、不选均不得分)

(一)某公司 2017 年 7 月 31 日对存货类财产进行清查时,发现有下列情况:

(1)盘盈甲商品 10 件,单位成本为 200 元;后经查明是由于收发计量上的误差所造成的。(2)乙商品毁损 20 件,单位成本为 300 元,单位残值为 50 元,作原材料入库;后经查明为责任人工作过失所造成的损失,应由责任人赔偿 2 400 元,其余的属于自然损耗。假定不考虑相关税费。要求:根据以上资料,回答第 1～5 题。

1. 批准前,"待处理财产损溢"科目借方应记的金额为(　　)元。

A. 2 000　　B. 4 000　　C. 6 000　　D. 8 000

2. 批准前,"待处理财产损溢"科目贷方应记的金额为(　　)元。

A. 2 000　　B. 4 000　　C. 6 000　　D. 8 000

3. 批准后,“管理费用”科目借方应记的金额为(　　)元。

A. 2 000　　B. 2 600　　C. 3 600　　D. 6 000

4. 批准后,“管理费用”科目贷方应记的金额为(　　)元。

A. 2 000　　B. 4 000　　C. 6 000　　D. 8 000

5. 批准后,应由责任人赔偿 2 400 元应记入的会计科目有(　　)。

A. “管理费用”　　B. “其他应收款”　　C. “库存商品”　　D. “待处理财产损溢”

(二)2017 年 3 月 31 日,某公司有关账户期末余额及相关经济业务如下:

(1)“库存现金”账户借方余额 2 000 元,“银行存款”账户借方余额 350 000 元。“其他货币资金”账户借方余额 500 000 元。

(2)“应收账款”总账账户借方余额 350 000 元,其所属明细账户借方余额合计为 480 000 元,所属明细账贷方余额合计 130 000 元,“坏账准备”账户贷方余额为 30 000 元(均系应收账款计提)。

(3)“固定资产”账户借方余额 8 700 000 元,“累计折旧”账户贷方余额 2 600 000 元,“固定资产减值准备”账户贷方余额为 600 000 元。

(4)“应付账款”总账账户贷方余额 240 000 元,其所属明细账户贷方余额合计为 350 000 元,所属明细账户借方余额合计为 110 000 元。

(5)“预付账款”总账账户借方余额 130 000 元,其所属明细账户借方余额合计为 160 000 元,其所属明细账贷方余额合计为 30 000 元。

(6)本月实现营业收入 2 000 000 元,营业成本为 1 500 000 元,税金及附加为 240 000 元,期间费用为 100 000 元,营业外收入 20 000 元,适用所得税税率 25%。

要求:根据以上资料,回答第 1～5 题。

1. 公司 2017 年 3 月 31 日资产负债表中“货币资金”项目和“应收账款”项目“期末余额”的金额是(　　)。

A. 货币资金为 852 000 元　　B. 货币资金为 352 000 元

C. 应收账款为 450 000 元　　D. 应收账款为 350 000 元

2. 公司 2017 年 3 月 31 日资产负债表中“预收账款”项目“期末余额”栏的金额是(　　)元。

A. 480 000　　B. 450 000　　C. 350 000　　D. 130 000

3. 公司 2017 年 3 月 31 日资产负债表中“固定资产”项目“期末余额”栏的金额是(　　)元。

A. 700 000　　B. 6 100 000　　C. 5 500 000　　D. 6 700 000

4. 公司 2017 年 3 月 31 日资产负债表中“应付账款”项目“期末余额”栏的金额是(　　)元。

A. 240 000　　B. 380 000　　C. 270 000　　D. 130 000

5. 公司 2017 年 3 月 31 日“利润表”中的利润总额“本期金额”栏的金额是(　　)元。

A. 160 000　　B. 180 000　　C. 120 000　　D. 135 000

会计水平测试(五)

一、单选(本题型共 20 小题,每小题 1 分,共 20 分。多选、错选、不选均不得分)

1. 下列内容不属于期间费用的是(　　)。

A. 管理费用　B. 制造费用　C. 销售费用　D. 财务费用

2. "材料采购"账户按其所反映的经济内容应属于(　　)账户。

A. 资产类　B. 负债类　C. 所有者权益类　D. 成本类

3. 以银行存款支付生产车间办公费 1 200 元,应借记(　　)。

A. "管理费用"账户 1 200 元　B. "制造费用"账户 1 200 元

C. "生产成本"账户 1 200 元　D. "期间费用"账户 1 200 元

4. (　　)是企业会计部门根据本单位经济业务的具体内容、管理上的要求及方便会计核算等而自行设置的。

A. 总分类账户　B. 明细分类账户　C. 会计要素　D. 会计等式

5. 下列对转账业务表述正确的是(　　)。

A. 转账业务不是会计所反映的内容

B. 转账业务是直接引起银行存款减少的业务

C. 转账业务是直接引起银行存款增加的业务

D. 转账业务是指与货币资金收付无关的业务

6. 多栏式现金日记账属于(　　)。

A. 总分类账　B. 明细分类账　C. 序时账　D. 备查账

7. 材料采购明细账一般采用的格式是(　　)。

A. 三栏式　B. 数量金额式　C. 多栏式　D. 平行式

8. 甲公司现有注册资本 1 000 万元,乙公司想投资入股,计划投入 400 万元,拥有 20%股份,则接受投资后甲公司的资本公积增加(　　)万元。

A. 320　B. 200　C. 150　D. 400

9. 下列明细账应逐日逐笔登记的是(　　)。

A. 收入、费用明细账　B. 债权、债务明细账　C. 库存商品明细账　D. 原材料明细账

10. 下列明细账中,不宜采用三栏式账页格式的是(　　)。

A. 应收账款明细账　B. 应付账款明细账　C. 管理费用明细账　D. 短期借款明细账

11. (　　)是反映企业在一定时期内经营成果的会计报表。

A. 现金流量表　B. 资产负债表　C. 股东权益增减变动表　D. 利润表

12. 下列经济业务中,借记资产类科目,贷记负债类科目的是(　　)。

A. 赊购原材料　B. 收到其他企业的欠款

C. 从银行提取现金备用　D. 支付职工工资

13. 企业在进行现金清查时,查出现金溢余,并将溢余数记入"待处理财产损溢"科目。后经进一步核查,无法查明原因,经批准后,对该现金溢余正确的会计处理方法是(　　)。

A. 将其从“待处理财产损溢”科目转入“管理费用”科目

B. 将其从“待处理财产损溢”科目转入“营业外收入”科目

C. 将其从“待处理财产损溢”科目转入“其他应付款”科目

D. 将其从“待处理财产损溢”科目转入“其他应收款”科目

14. 下列各观点中，正确的是（　　）。

A. 从某个会计分录看，其借方账户与贷方之间互为对应账户

B. 从某个企业看，其全部借方账户与全部贷方账户之间互为对应账户

C. 试算平衡的目的是确定企业的全部账户的借贷方金额会计是否相等

D. 复合会计分录是指同时存在个以上借方账户和两个以上贷方账户的会计分录

15. 下列各项中，不应作为企业资产加以核算和反映的是（　　）。

A. 准备出售的机器设备　　B. 委托加工物资

C. 经营租出的设备　　D. 待处理财产损溢

16. 某工业企业为增值税小规模纳税人，6 月 5 日购入 A 材料一批，取得的增值税专用发票上注明的价款为 42 400 元，增值税额为 1 272 元。该企业适用的增值税征收率为 3%，材料入库前的挑选整理费为 400 元，材料已验收入库。该企业取得的 A 材料的入账价值应为（　　）元。

A. 40 400　　B. 44 072　　C. 47 608　　D. 50 008

17. 存货日常收发计量上的误差、定额范围内的自然损耗，应记入的账户是（　　）。

A. 生产成本　　B. 制造费用　　C. 管理费用　　D. 待处理财产损溢

18. 将会计凭证划分为原始凭证和记账凭证两类的依据是（　　）。

A. 凭证填制的时间　　B. 凭证填制的程序和用途

C. 凭证填制的方式　　D. 凭证反映的经济内容

19. 企业在记录财务费用时，通常所采用的明细账格式是（　　）。

A. 多栏式明细账　　B. 卡片式明细账

C. 数量金额式明细账　　D. 横线登记式明细账

20. 某会计人员在月底结账前发现账簿记录中有一笔业务的金额多记了，记录中账户及对应关系没有错，则应采用的更正方法是（　　）。

A. 红字更正法　　B. 划线更正法　　C. 补充登记法　　D. 平行登记法

二、多选（每小题 2 分，共 40 分。多选、漏选、错选、不选均不得分）

1. 下列各项中，属于会计职能的有（　　）。

A. 预测经济前景　　B. 参与经济决策　　C. 评价经营业绩　　D. 实施会计监督

2. 下列关于会计等式的表述正确的有（　　）。

A. “资产＝负债＋所有者权益”是最基本的会计等式，表明了会计主体在某一特定时期所拥有的各种资产与债权人、所有者之间的动态关系

B. “收入＝费用－利润”这一等式动态地反映经营成果与相应期间的收入和费用之间的关系，是企业编制利润表的基础

C. “资产＝负债＋所有者权益”这一会计等式说明了企业经营成果对资产和所有者权益所产生的影响，体现了会计六要素之间的内在联系

D. 企业各项经济业务的发生并不会破坏会计基本等式的平衡关系

3. 对原始凭证发生的错误，正确的更正方法有（　　）。

A. 由出具单位重开或更正

B. 由本单位的会计人员代为更正

C. 金额发生错误的，由出具单位重开

D. 将错误的原始凭证撕毁，再由原出具单位重开

4. 账务处理程序也叫会计核算程序，它是指（　　）相结合的方式。

A. 会计凭证　B. 会计账簿　C. 财务报表　D. 会计科目

5. 下列关于汇总原始凭证的说法中正确的有（　　）。

A. 汇总原始凭证可以用以集中反映某项经济业务的完成情况

B. 汇总原始凭证是指在会计的实际工作日，为了简化记账凭证的填制工作，将一定时期若干份记录同类经济业务的原始凭证汇总编制一张汇总凭证

C. 汇总凭证可以将两类或两类以上的经济业务汇总在一起，填列在一张汇总原始凭证上

D. 发料凭证汇总表属于汇总原始凭证

6. 由于仓库保管员变动对其保管的全部存货进行的盘点属于（　　）。

A. 全面清查　B. 局部清查　C. 定期清查　D. 不定期清查

7. 账簿按其外表形式可以分为（　　）。

A. 活页式　B. 订本式　C. 分类账　D. 卡片式

8. 下列交易或事项属于企业日常活动的有（　　）。

A. 取得财政补贴　B. 提供咨询服务　C. 出租闲置设备　D. 出售无形资产

9. 下列关于账页格式适用范围正确的有（　　）。

A. 普通日记账和转账日记账一般采用两栏式

B. 收入、成本、费用明细账一般采用三栏式

C. 总分类账以及资本、债权、债务明细账一般采用多栏式

D. 原材料、库存商品、产成品等明细账一般采用数量金额式

10. 下列各项中，属于财务报表的种类的有（　　）。

A. 年度财务报表　B. 中期财务报表　C. 个别财务报表　D. 合并财务报表

11. 下列应计入贷方的有（　　）。

A. 资产的增加额　B. 负债的增加额　C. 所有者权益的增加额　D. 费用的增加额

12. 下列经济业务中，应填制付款凭证的有（　　）。

A. 提现金备用　B. 购买材料预付订金

C. 购买材料未付款　D. 以银行存款支付前欠单位货款

13. 持有期间被投资方宣告交易性金融资产的现金股利时，投资方作的账务处理中涉及的会计科目有（　　）。

A. 投资收益　B. 交易性金融资产　C. 应收股利　D. 银行存款

14. 各种会计账务处理程序下，登记明细账的依据可能有（　　）。

A. 原始凭证　B. 汇总原始凭证　C. 记账凭证　D. 汇总记账凭证

15. 下列各项中，属于企业应当在财务报表的显著位置至少披露的有（　　）。

A. 编报企业的名称

B. 人民币金额单位

C. 资产负债表日或财务报表涵盖的会计期间

D. 财务报表是合并财务报表的，应当予以标明

16. 下列原因导致的错账应该采用红字冲账法更正的有（　　）。

A. 记账凭证没有错误，登记账簿时发生错误

B. 记账凭证的会计科目错误

C. 记账凭证的应借、应贷的会计科目没有错误，所记金额大于应记金额

D. 记账凭证的应借、应贷的会计科目没有错误，所记金额小于应记金额

17. 下列关于财产清查结果处理要求的表述中，正确的有（　　）。

A. 及时调整账簿记录，保证账实相符

B. 积极处理多余积压财产，清理往来款项

C. 总结经验教训，建立和健全各项管理制度

D. 分析产生差异的原因和性质并提出处理建议

18. 以下关于财产清查的意义的表述正确的有（　　）。

A. 通过财产清查，可以查明各项财产物资的实有数量，确定实有数量与账面之间的差异，查明原因和责任

B. 通过财产清查，可以查明各项财产物资的保管情况是否良好，有无因管理不善，造成霉烂、变质、损失浪费

C. 通过财产清查，可以查明各项财产物资的保管情况是否良好，有无被非法挪用、贪污盗窃的情况，以便采取有效措施，改善管理，切实保障各项财产物资的安全完整

D. 通过财产清查，可以查明各项财产物资的库存和使用情况，合理安排生产经营活动，充分利用各项财产物资，加速资金周转，提高资金使用效果

19. 下列关于“坏账准备”科目的表述中正确的有（　　）。

A. 贷方登记当期计提的坏账准备金额

B. 借方登记实际发生的坏账损失金额和冲减的坏账准备金额

C. 期末借方余额反映企业已计提但尚未转销的坏账准备

D. 期末贷方余额反映企业已计提但尚未转销的坏账准备

20. 下列各项中，属于财务报表的有（　　）。

A. 利润表　　B. 资产负债表　　C. 现金流量表　　D. 所有者权益变动表

三、判断（本题型共 20 小题，每小题 1 分，共 20 分。不答、错答不得分，也不扣分）

1. 在实际工作中，如果要设多栏式现金日记账，一般常把现金收入业务和支出业务分设“现金收入日记账”和“现金支出日记账”两本账。（　　）

2. 对会计科目的具体内容进行分类核算的项目，称为会计要素。（　　）

3. 所有错账更正法，均应由记账人员及相关人员在账簿记录更正处盖章以示负责。（　　）

4. 在结账前发现账簿记录有文字或数字错误，而记账凭证没有错误，可采用划线更正法更正。（　　）

5. 不同的单位，采用不同的账簿组织和记账程序，构成不同的账务处理程序。（　　）

6. “收入－费用＝利润”这一会计等式，是复式记账法的理论基础，也是编制资产负债表的

依据。(   )

7."银行存款余额调节表"编制完成后,可以作为调整企业银行存款余额的原始凭证。(   )

8."待处理财产损溢"账户是损益类账户。(   )

9.总分类账对明细分类账起着补充说明的作用。(   )

10.凡是特定主体能够以货币形式表现的经济活动,都是会计核算和监督的内容,也就是会计的对象。(   )

11.资本公积和盈余公积均可以用来转增资本,都是从税后利润中提取的有专门用途的资金。(   )

12.成本是指企业为生产产品、提供劳务而发生的各种费用,是按一定的产品或劳务对象所归集的费用,是对象化了的费用。(   )

13.年末所得税费账户的余额一般在借方,表示当年计算的所得税费用。(   )

14.利润表是反映企业在一定会计期间经营成果的报表,属于静态报表。(   )

15.企业计算应向投资者分配的现金股利,不会引起留存收益总额的变动。(   )

16.银行存款日记账应按企业在银行开立的账户和币种分别设置。(   )

17.利润表的格式主要有多步式和单步式两种,我国采用多步式。(   )

18.某企业年初未分配利润 200 万元,本年实现净利润 1 000 万元,提取法定盈余公积 150 万元,提取任意盈余公积 50 万元,则该企业年末可供投资者分配利润为 1 000 万元。(   )

19.银行存款日记账的账面余额,应同开户银行寄送企业的银行对账单相核对,一般至少一年核对一次。(   )

20.持续经营是指企业能持续不断地经营下去,因而它仅仅是一种假设,缺乏客观存在的基础。(   )

四、计算分析题(本题型共两大题,每小题 2 分,共 20 分。多选、漏选、错选、不选均不得分)

(一)甲公司 2017 年 7 月发生下列业务:

(1)6 日,销售给乙企业一批产品,货款 8 000 元,应交增值税额(销项税额)1 360 元,货款尚未支付。

(2)15 日,购买原材料共计 5 500 元,应交增值税额(进项税额)935 元,以银行存款支付货款。

(3)21 日,确认坏账损失 3 900 元。

(4)25 日,出售机器一台,收到款项 9 300 元,本台机器原价 90 000 元,累计折旧 58 000 元。

要求:根据以上资料,回答第 1~5 题。

1.根据业务(1)可编制的会计分录是(   )。

A.借:银行存款　　9 360
　　贷:主营业务收入　　8 000
　　　　应交税费——应交增值税(销项税额)　　1 360

B.借:应收账款　　8 000
　　　　应交税费——应交增值税(销项税额)　　1 360
　　贷:主营业务收入　　9 360

C. 借:应收账款　　9 360
　贷:主营业务收入　　8 000
　　应交税费——应交增值税(销项税额)　　1 360

D. 借:银行存款　　9 360
　贷:库存商品　　8 000
　　应交税费——应交增值税(销项税额)　　1 360

2. 根据业务(2)可编制的会计分录是(　　)。

A. 借:在途物资　　5 500
　　应交税费——应交增值税(进项税额)　　935
　贷:银行存款　　6 435

B. 借:原材料　　5 500
　　应交税费——应交增值税(进项税额)　　935
　贷:应付账款　　6 435

C. 借:原材料　　6 435
　贷:银行存款　　5 500
　　应交税费——应交增值税(进项税额)　　935

D. 借:原材料　　5 500
　　应交税费——应交增值税(进项税额)　　935
　贷:银行存款　　6 435

3. 下列选项中,关于坏账的说法正确的有(　　)。

A. 债务人破产或死亡,以其破产财产或遗产清偿后仍无法收回时,应确认为坏账

B. 会计上处理坏账的方法只有直接转销法

C. 估计坏账损失可使用应收账款余额百分比法或账龄分析法

D. 直接转销法下,公司要等到信用部门确定顾客的款项不可收回时,才对坏账进行会计处理,确认为坏账

4. 根据业务(3)可编制的会计分录是(　　)。

A. 借:坏账准备　　3 900
　贷:应收账款　　3 900

B. 借:坏账准备　　3 900
　贷:银行存款　　3 900

C. 借:应收账款　　3 900
　贷:坏账准备　　3 900

D. 借:坏账准备　　3 900
　贷:应付账款　　3 900

5. 根据业务(4)可编制的会计分录是(　　)。

A. 借:固定资产清理　　32 000
　　累计折旧　　58 000
　贷:固定资产　　90 000

B. 借:银行存款　　9 300

贷:固定资产清理 9 300

C. 借:资产处置损益 22 700

贷:固定资产清理 22 700

D. 借:固定资产清理 22 700

贷:资产处置损益 22 700

(二)WA 公司 2017 年 8 月末资产总额为 1 500 万元,负债总额为零,9 月份公司发生如下经济业务(不考虑增值税):

1. 以银行存款购买一台价值 60 万元不需要安装的机器设备。

2. 向 QA 公司购买生产用材料 25 万元,材料已入库,款项未付。

3. 接受投资者投入的无形资产 50 万元。

4. 用银行存款偿还欠 QA 公司购料款 25 万元。

5. 向银行借入 2 年期借款 50 万元。

要求:根据以上业务编制会计分录。

参考文献

[1]王炜，王辉. 基础会计学习指导、习题与实训. 4 版. 北京：高等教育出版社，2018.
[2]王炜，季学芳. 基础会计模拟实训. 4 版. 北京：高等教育出版社，2018.
[3]李占国. 基础会计项目实训与习题集. 4 版. 北京：高等教育出版社，2017.
[4]李占国，吴道华，王家明. 基础会计综合模拟实训. 4 版. 北京：高等教育出版社，2016.
[5]褚颖. 基础会计技能实训. 北京：中国农业出版社，2014.
[6]宫相荣，褚颖. 基础会计技能实训. 北京：中国农业出版社，2009.